中国银行业
宏观审慎监管框架研究

A Study on the
Macro-prudential Regulatory Framework for
Chinese Banking Industry

乐玉贵◎著

中国金融出版社

责任编辑：王效端　张菊香
责任校对：张志文
责任印制：陈晓川

图书在版编目（CIP）数据

中国银行业宏观审慎监管框架研究（Zhongguo Yinhangye Hongguan Shenshen Jianguan Kuangjia Yanjiu）/乐玉贵著．—北京：中国金融出版社，2014.12

ISBN 978－7－5049－7737－3

Ⅰ.①中…　Ⅱ.①乐…　Ⅲ.①银行监管—研究—中国
Ⅳ.①F832.1

中国版本图书馆 CIP 数据核字（2014）第 294115 号

出版
发行　**中国金融出版社**

社址　北京市丰台区益泽路 2 号
市场开发部　（010）63266347，63805472，63439533（传真）
网上书店　http://www.chinafph.com
　　　　　（010）63286832，63365686（传真）
读者服务部　（010）66070833，62568380
邮编　100071
经销　新华书店
印刷　北京市松源印刷有限公司
尺寸　169 毫米 ×239 毫米
印张　11.75
字数　190 千
版次　2014 年 12 月第 1 版
印次　2014 年 12 月第 1 次印刷
定价　32.00 元
ISBN 978－7－5049－7737－3/F.7297
如出现印装错误本社负责调换　联系电话(010)63263947
编辑部邮箱：jiaocaiyibu@126.com

摘　　要

2008 年国际金融危机爆发后，人们更加关注银行业系统性风险对金融业、宏观经济乃至世界经济造成的危害，从整体视角关注系统性风险的宏观审慎监管日益受到重视。在 G20、FSB 和 BCBS 关于银行业宏观审慎监管的相关国际规则指引下，各国正积极探索银行业宏观审慎监管框架，以维护金融稳定、促进经济发展。当前，世界经济复苏缓慢，美日欧量化宽松货币政策对全球经济的影响日益加深，金融风险有增无减，发展中国家经济下行压力较大，我国全面深化改革正在稳步推进。在此新形势下，研究适合中国国情的银行业宏观审慎监管框架，对深化经济和金融体制改革、加快金融开放和发展、更好地发挥金融在现代经济中的核心作用，不仅具有重要的理论意义，也具有很强的现实意义。

本书认为，银行业宏观审慎监管强调防范系统性风险是极为必要的，但不能忽视银行业服务实体经济的宗旨，不能影响货币币值稳定。因此，一个完整、有效的银行业宏观审慎监管，应当是防范银行业系统性风险、支持实体经济发展、助推货币政策目标实现"三位一体"目标体系的有机统一体。本书以实现银行业宏观审慎监管"三位一体"目标为统领，提出了银行业宏观审慎监管"三位一体"的目标体系，从监管主体、监管工具、微观基础和政策协调等方面系统地研究了如何实现"三位一体"目标的问题，进而形成了未来的中国银行业宏观审慎监管的框架体系。

本书第 1 章是导论。

第 2 章论证银行业宏观审慎监管目标的选择，主要研究银行监管发展的历史演进和"三位一体"目标的构建。从历史演进中总结发展规律，揭示银行监管目标演变的内在逻辑；阐述了"三位一体"目标的内涵，从"三位一体"目标的内在统一性揭示了银行业宏观审慎监管目标体系之间的逻辑关系，针对"三位一体"目标体系的矛盾性，根据运用综合指数法计量系统性风险的结果，分别按照顺序决择、主次抉择、统筹兼顾的原则，提出了三种可操作的方案。

第3章、第4章分别从实现"三位一体"目标的视角，对中国银行业宏观审慎监管的主体和工具进行研究，借鉴各国监管主体改革的经验，根据丁伯根法则对中国监管工具传导机理进行了剖析，提出了完善中国银行业宏观审慎监管的主体和工具的建议。

第5章研究中国银行业宏观审慎监管的微观基础，从实现"三位一体"目标体系要求的视角，分析了银行业金融机构、金融市场、金融价格、金融创新与"三位一体"目标之间的关系，指出现有微观基础的不适应性，并提出了相应的调整策略；对银行理财、影子银行、互联网金融带来的新挑战进行了分析，阐述了应对思路。

第6章探讨中国银行宏观审慎监管与相关政策的协调配合问题，围绕实现"三位一体"目标体系，就发挥财政政策、货币政策、产业政策、区域政策等对银行业宏观审慎监管的作用进行了研究，重点探讨了财政政策、货币政策与宏观审慎监管的协调配合。

第7章总结本书研究的主要结论，并对完善中国银行业宏观审慎监管提出了具体的政策建议。

目　　录

1

导论

1.1 研究背景与选题意义

20世纪80年代以来，全球金融危机不断爆发，特别是美国次贷危机、欧洲主权债务危机及其引发的国际金融危机给世界经济造成了极大的影响，引发了人们对金融危机爆发原因和如何防范金融危机的思考和讨论，金融创新超越实体经济需要和金融监管不足被认为是重要原因。传统意义上的银行监管，主要立足于单体银行的资本监管，认为只要每家银行是安全的，则整个银行体系就是安全的，忽视了银行资本监管具有顺周期性和大而不能倒机构的作用，容易导致经济和金融波动从而引发金融风险和金融危机。2008年国际金融危机爆发后，20国集团峰会（G20）、国际货币基金组织（IMF）、金融稳定理事会（FSB）提出，仅仅重视单体银行安全是不够的，还必须加强银行业系统性风险防范，实施宏观审慎监管。

当前，世界经济复苏存在诸多不确定因素，美日欧量化宽松货币政策对全球经济的影响日益加深，金融风险有增无减，发展中国家经济下行压力较大，我国全面深化改革正在稳步推进。在此新形势下，研究适合中国国情的银行业宏观审慎监管框架，对深化经济和金融体制改革、加快金融开放和发展、更好地发挥金融在现代经济中的核心作用，不仅具有重要的理论意义，也具有很强的现实意义。

1.2 国内外研究现状

  银行业宏观审慎监管是从传统银行监管理论的基础上发展起来的，本书研究的理论基础包括两个组成部分：一是银行传统监管的相关理论，二是银行业宏观审慎监管的相关理论。

1.2.1 关于银行传统监管的理论

  银行监管理论是随着银行业的发展逐步发展起来的，经历了银行监管的必要性研究、银行监管的安全性研究、银行监管的效率研究、兼顾效率和安全研究四个发展阶段。本研究基于的有关银行监管的理论主要有：公共利益理论、金融脆弱性理论、金融风险管理理论、银行监管效率理论。

  （一）公共利益理论

  公共利益理论也称市场失灵理论，是最早阐释政府监管必要性和合理性的理论。该理论认为，由于市场存在缺陷，纯粹的自由市场会导致自然垄断和社会福利的损失，还会由于外部效应和信息不对称导致不公平，因此金融监管的目标就是维护公众的利益。公共利益理论包括负外部效应理论、自然垄断理论、信息不对称理论、银行效率理论。

  负外部效应理论认为，银行的高杠杆率决定了当银行发生倒闭时，银行家所遭受的损失要小于储户的损失。同时，银行风险具有传染性，其负外部效应可能自我放大，因而银行的破产会产生连锁反应，从而对经济和社会运行造成连带性破坏。负外部效应理论的代表人物包括 Coase、Diamond 和 Dybvig。Coase 从交易成本的视角出发，证明外部效应难以通过市场机制予以消除，因此需要政府对银行进行监管。Diamond 和 Dybvig（1986）认为，由于银行业具有巨大的杠杆效应，造成自身利益与社会利益严重不对称，因而仅靠市场的力量不能解决银行业的负外部效应。

  自然垄断理论认为，银行业普遍存在规模经济，集中度较高，容易产生自然垄断，形成较高的准入门槛，阻碍了一般的市场竞争，导致价格歧视和市场寻租，影响市场作用的发挥，制约了市场配置资源的效率，最终损害了消费者利益。因此，需要政府通过监管来抑制或消除垄断。自然垄断理论的代表人物Meltzer（1967）强调，银行具有自然垄断的倾向，可能形成价格歧视和寻租，损害消费者利益。Baltensperger（1972）、Benten（1982）和 Gilligen（1984）认为，银行业存在一定的规模经济，因而具有市场准入门槛，容易造成垄断。

信息不对称理论认为，银行业普遍存在着银行与贷款人之间信息不对称的问题，从而产生了逆向选择和道德风险，容易造成金融市场失灵。Stiglar（1961）提出，在信息不对称的情况下，银行往往处于劣势地位，从而导致金融风险和金融效率低下，通过政府监管能够控制银行风险，减少损失。

公共利益理论从多角度阐释了自由市场机制条件下，银行可能面临由于垄断、信息不对称以及负外部性导致的风险，从而给公众带来损失，因此政府加强对银行业的监管是非常必要的。从维护公共利益的角度，公共利益理论具有较强的合理性，为政府加强银行监管、促进银行业健康发展提供了重要的理论基础。但是，公共利益理论也存在一定的缺陷，就是在强调维护公众利益而加强政府监管的同时，忽视了银行家的利益和银行的效率。这样一方面可能导致银行监管成本过高，另一方面可能限制银行规模，影响银行业发展。

（二）金融脆弱性理论

金融脆弱性理论认为，银行的信用创造功能使得银行体系自身存在较强的不稳定性或脆弱性，进而会遭遇周期性危机和破产，这就需要政府部门对银行业加强监管。

Minsky（1982）以长波经济周期理论为基础，提出正常情况下商业银行贷款对象是避险型企业，但在经济出现景气势头和追逐高回报的动机驱使下，银行就会降低贷款条件，借款人就会倾向于较高的资产负债率，导致越来越多的企业从事高风险、高投机业务。在此过程中，银行风险就会无形中加大，一旦经济发生逆转，借款人出现亏损，银行就会收紧银根、提高利率，流动性吃紧，发生金融危机的可能性增加。

Diamond 和 Dybvig（1983）通过建立模型分析了银行处于不存在总体消费风险、存在随机总体消费、生产回报不确定三种情况下，由于信息不对称容易遭遇挤兑的原因，提出政府应该加强对金融和市场信息的管理，使信息更加透明，增强消费者对市场的信心，避免出现银行挤提，维护金融稳定。

金融脆弱性理论从另外一个侧面阐述了政府对银行进行监管的必要性，同时揭示了银行发生危机的直接原因，推动政府监管向防范风险的方向转变，对银行监管理论作出了重要的贡献。但是，金融脆弱性理论的局限性在于其只是通过假设提出了单体银行发生风险的直接原因和政府监管防范措施，并未全面、系统性地揭示银行业发生风险的根源及防范规律。

（三）金融风险管理理论

金融风险管理理论认为，银行业是一个高风险行业，面临市场风险、信用风险、利率风险、政策风险、道义风险以及操作风险等，且各种风险之间关系密切，容易产生连锁反应，影响经济和社会的各个层面，使得银行风险一旦发生就可能产生金融危机，进而使银行危机演变成经济危机。为了控制银行风险，避免发生危机造成的连锁反应，政府需要对银行实行严格监管。

Friedman 和 Schwartz（1986）、Diamond 和 Rajian（2001）认为，银行的脆弱性或风险源自短借长贷、银行间资产负债相互依赖、经济波动时挤兑动机增强。

Kaufman（1996）认为，由于银行具有高负债、信息不对称等特征，更容易遭受市场其他因素的影响，更为脆弱，加之银行之间相互持有资产负债，更容易发生危机和连锁反应，导致经济萧条。

Allen 和 Gale（2000）通过建立银行间同业市场危机传染模型，提出银行间债权债务关系导致银行风险具有传播性。

Aleksiejuk 和 Holyst（2001）认为，银行网络结构影响银行的风险传播，单体银行发生风险会因为银行网络结构的存在对其他银行产生连锁反应。

金融风险管理理论在前人研究的基础上，提出了银行风险的种类以及由于银行之间债权债务关系形成银行网络，进而导致单体银行风险可能演变成全行业的风险。该理论对于认识银行业风险的系统性具有重要价值，为政府加强银行业监管提供了理论支撑。然而，该理论并未直接提出系统性风险的概念，而且对银行业风险的研究尚不全面，其研究成果主要建立在假设基础上，缺少实证分析，也没有对政府实施银行监管提出具体的政策建议。

（四）银行监管效率理论

银行监管效率理论认为，银行监管与银行效率是一对矛盾体，银行监管更多强调金融安全和公众利益，但可能削弱市场竞争和激励，不利于提高银行的效率。理想状态的银行监管应该具有有效性，监管措施实施以后的收益应该大于监管成本，以确保金融资产优化配置，实现金融安全，保护公众利益，维护市场信心。银行监管效率，包含两个层面的内容：一是监管措施自身的效率，即关于市场纪律监管的有效性；二是对作为被监管方的银行业的效率，即对银行资本监管的有效性。

在最低资本充足率监管方面，Hovakimian 和 Kane（2000）认为，银行的资本监管未能防止风险转嫁，反而增加了政府对银行的防范风险补贴，形成对风险转嫁的激励。Hellmann（2000）认为，在市场充分竞争情况下，如果不对存款利率进行限制，对银行资本充足率的监管就不能实现高效率。

在运用市场纪律提高银行监管效率方面，Thomson（1990）和 Kaufman（1996）提出，以往的银行监管并不关心银行的具体运作和风险状况，对市场激励也没有作出及时反应，无法使存款和资本从经营状况差的银行流向经营状况好的银行，如果能够兼顾政府监管和市场约束，将大大改善政府监管效率，实现金融资源的优化配置。Kane（1990）认为，银行监管当局进行监管的措施当中激励不足，导致资本监管效率低下，使监管失灵。政府应该解决监管激励措施这一关键问题，才能提高监管的效率。Kerry（1990）的研究成果认为，银行监管的有效性受制于市场对银行资产价值的评估，要提高监管的有效性就必须重视市场对银行的约束。Thomson（1990）认为，缩小政府金融安全网的规模和范围，才能恢复市场纪律，进而改进金融监管，提高监管效率。

王飞（2011）认为，银行监管的成本和收益都是可以测度的，通过成本收益分析可以测出银行监管的效率。提高银行监管效率的路径：一是转变监管模式，二是提高监管能力，三是改进传导机制和优化外部环境[①]。

银行监管效率理论在认可政府监管能够防范金融风险的基础上，强调银行监管的有效性，是对银行监管理论的丰富和发展。但是，该理论也有局限性，一是关于监管成本和效率界定不清；二是提高监管效率的措施不全面，限于政府补贴、保险、税收优惠等三个方面，没有关注到防范银行业系统性风险的效率问题。

---

① 王飞. 银行监管效率：测度方法与增进路径［M］. 北京：中国金融出版社，2011.

1.2.2　关于宏观审慎监管的研究

宏观审慎监管是指与以防范单体金融机构异质性风险为目标的微观审慎监管相对应的，以防范系统性风险和维护金融稳定为目标的金融监管新模式、新方法和新理念。这一概念首次出现在上世纪 70 年代末，但直到 1997 年以后，特别是 2008 年国际金融危机后才受到国际社会的高度重视，大而不能倒、顺周期性、监管不足等理念才慢慢被接受。宏观审慎监管的研究对象主要包括监管目标、监管工具、系统性风险防范、系统重要性机构监管、逆周期监管、监管主体、国际标准等。总体而言，有关宏观审慎监管的研究目前尚处在初步阶段，主要表现是"二多一大"，即研究的人数多、视角多，但意见分歧较大。尽管如此，由于世界各国急于从全球性金融危机造成的衰退中复苏，关于宏观审慎监管的理论已然演变成部分国家的政策框架，并在一定程度上形成国际规范。

（一）宏观审慎监管的概念

"宏观审慎"一词最早出现在 1979 年 6 月召开的库克委员会①会议文件中，其表述如下：委员会所关注的微观经济问题中的微观审慎问题，一旦开始融入宏观经济问题时，就应该被称为"宏观审慎问题"。

最早提出"宏观审慎监管"定义的是国际清算银行总裁 Andrew Crockett，他于 2000 年提出宏观审慎监管是指金融监管当局为防止发生金融危机，从金融的整体层面上实施的监管，从而与以往对单体机构实施的监管形成对比。

2003 年，Borio 从宏观审慎监管的目标、方式、风险特征、系统性风险的暴露、监管工具等方面进行了阐述，并与微观审慎监管进行了对比。他认为，宏观审慎监管应该有两个维度，一是跨行业维度，即在某个时点上因金融机构之间的相互关联而产生的共同风险；二是时间维度，即随着时间的推移，风险通过金融体系内部及其与实体经济之间的相互影响进而被逐步扩散。

2009 年，国际清算银行提出，应该用宏观审慎监管的概念来解释导致国际金融危机的"大而不能倒"、"监管不足"、"金融顺周期性"、"监管标准不高"等问题。

---

①　巴塞尔委员会的前身。

2010 年，Piet Clement 指出，以往"宏观审慎"关注金融体系的稳定和宏观经济问题，目前"宏观审慎"应该更多地关注金融创新对资本市场产生的影响、金融体系顺周期的影响、系统重要性金融机构的影响。

2009 年，成家军提出，宏观审慎监管是指"宏观金融管理当局为了减少金融动荡产生的经济成本、确保金融稳定而将金融体系整体作为监管对象的监管模式"。

2010 年，周小川提出，宏观审慎监管就是宏观审慎政策框架。由于微观金融机构健康总和并不等于宏观整体健康，所以，微观审慎的总和不等于宏观审慎性，所以宏观审慎政策框架包括最主要的监管和宏观政策方面的内容，要构建逆周期的金融宏观审慎管理制度框架。

2010 年，巴曙松、王璟怡等提出，宏观审慎监管是在对风险相关性分析的基础上，加强对系统重要性机构的监管，以防范系统性金融风险、保持金融稳定的一种监管模式。

由此可见，宏观审慎监管的概念是伴随经济发展和金融风险范围的扩大而提出来的，是与微观审慎监管的概念相对应的。银行业宏观审慎监管可以定义为：对一定时期内、一定范围内（国家、区域或全球）银行业的整体风险及其可能对实体经济产生负面影响的监管模式，既包括时间维度、行业维度，也包括空间维度（范围和深度）。目前，国内外学术界对此虽然尚未形成完全一致的定义，但总体认识基本一致。

（二）宏观审慎监管的目标

Borio（2003）提出，宏观审慎监管的目标是通过防范系统性风险，避免其对宏观经济产生破坏性作用；而微观审慎监管的目标则是通过防范单体金融机构的风险，从而避免其对消费者带来损失。

英格兰银行（2009）将宏观审慎监管的目标确定为：保证金融中介服务的稳定供给，避免经济周期对银行信贷和流动性产生影响。

Brunnermeier（2009）提出，宏观审慎监管的目标非常广泛，包括减少系统性风险产生的所有内容。

Perotti 和 Suarez（2009）认为，宏观审慎监管的目标是阻止单体银行出现问题引发系统性风险，进而给金融体系的稳定带来负面影响。

周小川（2010）指出，宏观审慎政策框架旨在弥补传统货币政策工具和微观监管在防范系统性风险方面的不足，要把金融业作为一个整体，根本目标是防范和管理跨行业和跨经济周期的金融体系风险。

张显球（2012）提出，宏观审慎监管的目标有两个：一是防止特定时期内风险在整个金融体系中的横向传播，即横向层面；二是防止随时间推移而累计产生的整体风险，即时间层面。

上述观点各有侧重，但不够系统。笔者认为，宏观审慎监管是覆盖金融各业的，但根据我国现有的以银行业为主导的金融结构，银行业的宏观审慎监管是最为主要和重要的，这也是本书以银行业的宏观审慎监管为研究对象的原因。宏观审慎监管目标可以分为三级：一是防范系统重要性机构风险，这是操作性目标；二是防范金融行业的系统性风险，这是直接目标；三是支持实体经济发展，维护宏观经济稳定，这是最终目标。其中，操作性目标是基础，直接目标是关键，最终目标是根本。

（三）宏观审慎监管的工具

国外学者大多从时间维度和行业维度两个方面划分宏观审慎监管工具的类别。

关于时间维度的监管工具，FSA（2009）提出，宏观审慎监管的工具包括资本充足率、贷款损失拨备、流动性和杠杆率等监管要求。在资本、流动性、会计方面要增加逆周期因素，在经济景气期间增加超额资本，用以在经济衰退时期平抑资本充足率的波动。Brunnermeier（2009）、BIS（2009）、Goodhart和Persaud（2008）认为，可利用资本缓冲来解决顺周期性以及系统重要性机构的监管问题。Borio和Shin（2007）认为，拨备对增加信贷的影响较小，但在建立逆周期缓冲区以提高银行偿还能力方面效果明显。Morris（2008）和FSF（2009）等还提出，可采用贷款价值比率、流动性需求及杠杆比率等工具进行宏观审慎监管。CGFS（2010）认为，宏观审慎监管工具的发展应适应现有的微观审慎监管工具。这些标准和限制可能不时地发生变化，或针对金融周期进行逆周期调整。

关于行业维度的监管工具，Kay（2009）提出，应该隔离系统重要性金融机构的核心业务和自营业务，从而限制银行业务在危机发生过程中的传染性。Brunermeier（2009）、Squam Lake（2009）提出，应增加与系统重要性金融机构地位相匹配的附加资本要求。Goodhart和Persaud（2008）提出，应该加强对金融工具创新的监管，建立系统重要工具清单，对这些工具采取必要的管理，以降低其风险传播性。Acharya 和 Richardson（2009）认为，一方面，监管部门应该要求系统重要性机构购买保险，以降低金融危机发生时可能造成的损失；另一方面，可以按照系统重要性金融机构对造成系统性风险的影响大小进行征税，建立基金，用于激励系统重要性金融机构降低风险。

Andrew Large（2010）提出，宏观审慎监管工具主要可分为三类：第一类是由宏观审慎监管当局使用的工具，第二类是相机抉择，第三类是宏观审慎工具和货币政策工具很难区分的一类。关于相机抉择，Borio 与 Shim（2007）、Hilbers（2005）认为，常用的工具是对金融风险发出预警、监督审查压力或对审慎监管工具的数量进行调整等。

张显球（2012）认为，宏观审慎监管和微观审慎监管使用的政策工具基本相同，包括反周期资本缓冲制度、前瞻性拨备、流动性监管、杠杆率监管、保证金和折扣比率、系统性重要金融机构监管、场外衍生品监管、影子银行体系监管、薪酬监管、国际监管合作等十个方面。

国内部分学者还按照时间维度和行业维度对宏观审慎监管工具进行了分类。李文泓（2011）针对逆周期的宏观审慎监管提出以下工具：资本监管（最低资本要求、留存资本缓冲、逆周期资本缓冲），会计准则（贷款损失准备计提规则、公允价值会计准则），杠杆率，贷款乘数，压力测试等。彭刚、苗永旺（2010）提出，中国银行业宏观审慎监管跨行业维度和跨时间维度监管工具，核心是开发监管系统重要性机构风险和能够调节顺周期性的工具。

黄亭亭（2011）认为，宏观审慎监管工具可以分为三类。一是按照定量和定性法分类：宏观审慎监管的定量工具包括系统重要性机构的资本和流动性要求、逆周期的资本缓冲、动态拨备、抵押贷款的贷款价值比率上限等；宏观审慎监管的定性工具包括监管干预、道义劝告、公开声明等。二是根据金融体系脆弱性分类：包括杠杆率（含资本比率、风险权重、拨备、利润分配限制、信贷增长上限），流动性或市场风险（流动性/资本金要求、外汇贷款限制、货币错配限额、外汇敞口头寸限制），相互关联度（集中度限制、对系统重要性机构提高资本要求）。三是按照抑制金融风险的措施分类：抑制金融失衡带来的系统性风险的工具包括逆周期资本要求、对贷款水平的临时控制等；抑制系统性风险集中和传染的工具，包括对系统重要性金融机构的资本要求、对银行间资金拆解集中度的限制。

综上所述，选择适当、有效的监管工具，是实现宏观审慎监管目标的关键。由于国内外学者对宏观审慎监管目标的理解不同，侧重点不同，在研究过程中提出了不同的宏观审慎监管工具，而且根据不同用途提出了不同的工具分类。但是，并非每个学者的研究分类都具有合理的系统性，往往是侧重于某一个方面，或强调某个工具的具体作用，与宏观审慎监管的目标没有实现紧密结合。

（四）金融业的系统性风险

有关金融业系统性风险的研究，主要是针对其概念、形成和识别，但迄今尚未达成一致性意见。

关于系统性风险的概念，Kaufman（1995）提出，系统性风险是由某个事件引起的使一系列金融机构和金融市场发生损失的可能性。Schwaircz（2008）认为，系统性风险是因为某个金融机构的倒闭引发的冲击，使金融市场产生巨大波动，并造成严重损失的风险。Perotti、Suarez（2009）指出，系统性风险是一种传播性风险，就是当冲击超出了金融领域而对实体经济可能产生不良影响的风险。王淳（2008）根据其对国外对冲基金的研究指出，系统性风险是一种具有传导效应的风险。

关于系统性风险的形成原因，国内外学者也是各持己见。Archarya 和 Viral（2009）认为，系统性风险之所以发生，是因为以往监管机构过于强调单体银行的稳健，忽视了金融混业经营和全球化过程增大了银行危机快速蔓延的可能性。Andrew（2008）认为，银行业的内部冲击源和外部冲击源共同作用，是引发系统性危机的根源。

关于系统性风险的识别和度量，国际上较为认同的方法是经济指标法、计量模型法和经验分析法。Goodhart 和 Lehar（2005）提出，评估银行脆弱性是系统性风险识别的主要内容，应从单体银行和银行系统两个层面进行评估。Kaminsky（1998）认为，应选取货币政策、银行信贷、资本账户等指标作为识别银行系统性风险的指标。Adrian 和 Brunnermeier（2009）用 CoVaR 法衡量在单个金融机构破产的情况下整个金融系统的在险价值。Tarahev、Borio 和 Tsatsaronis（2010）用 Shapley 值法对每个金融机构的系统性风险进行分摊，从而计算出整个金融系统的风险。BIS（2004）提出，可用宏观压力测试模型测度系统性风险的程度。Goldstein、Morris 和 Turner（1996）认为，系统性风险形成的主要原因包括：国际收支恶化、经济增长下滑、通货膨胀、失业增加等。

防范系统性风险是宏观审慎监管的核心。对系统性风险的定义、形成原因以及识别问题的认识，则是防范系统性风险、有效进行宏观审慎监管的基础。但是从上述学者的观点看，国内外学术界对这些问题的看法不尽一致，但有一些方面是共性的，一是系统性风险与单个机构的风险是相对应的，二是系统性风险是由单个机构的突发事件引发的，三是系统风险是可识别和度量的。

（五）系统重要性金融机构监管

国内外学者普遍认为，系统重要性金融机构对金融系统的稳定至关重要，一旦系统重要性金融机构陷入困境，将给整个金融系统造成严重冲击。因此，加强对系统重要性金融机构的监管，是宏观审慎监管的主要任务。但是对系统重要性金融机构的定义、识别标准、评估方法和监管措施，学者们各有侧重。

Brunnermeier（2009）认为，应该根据每个金融机构对其他金融机构的影响，采用目标风险溢出测量法将金融机构进行分类，进而确定哪些机构属于系统重要性金融机构。

Brunnermeier（2009）、Squam Lake（2009）、Acharya 和 Richardson（2009）提出，要根据系统重要性金融机构对系统性风险的贡献度，增加相应的附加资本。

Oliver Hart 和 Luigi Zingales（2009）提出，应该为系统重要性金融机构设置一套资本需求机制，确保它们不发生违约。

Kay（2009）提出，应该将系统重要性金融机构的核心业务和自营业务分开，以防止危机发生时系统重要性金融机构的风险扩散。

苗永旺（2012）认为，应该从"强化资本监管、实施资本保险、设定杠杆比率上限和金融机构自担风险四个角度"建立系统重要性金融机构的风险防范机制。[①]

张显球（2012）认为，解决系统重要性金融机构问题，可以通过缩小系统重要性金融机构的规模、提升监管标准、建立自救机制、健全处置政策框

---

① 苗永旺. 宏观审慎监管研究［M］. 北京：中国金融出版社，2012：84.

架，而对全球性系统重要性金融机构则应实行更加严格的监管制度。[①]

综上所述，对系统重要性金融机构监管的研究，已经取得一定进展并在逐步完善。巴塞尔银行委员会（BCBS）和金融稳定理事会还对全球系统重要性金融机构的划分、识别标准、评估方法、监管措施提出了实施办法。但是，这些标准和措施并非适用于所有国家，尤其对发展中国家只具有指导意义，而不一定具有可操作性。

（六）资本监管的顺周期性

在2008年金融危机爆发之前，各国对银行资本监管表现出较强的顺周期性。该领域的研究主要集中在顺周期监管的内涵、成因、对宏观经济的影响以及监管部门如何应对等方面。

关于顺周期的内涵，Borio（2001）认为，包括金融系统本身具有的顺周期性、监管的顺周期性和评级的顺周期性。Brunnermeier（2009）、FSF（2009）认为，金融系统的顺周期性主要表现为资本充足率监管的顺周期性、拨备的顺周期性和公允价值会计引起的顺周期性。资本充足率监管的顺周期性表现为，在经济上行时放松管制，在经济下行时收紧管制。拨备的顺周期性表现为，会计准则要求基于事实依据和管理层判断，确认贷款组合存在恶化时计提拨备，因而存在滞后性。公允价值的顺周期性表现为，当资产价格下跌时，公允价值会计下的资产市值下跌，反之亦然。Borio和Drehmann（2009）提出，顺周期是指金融系统内部以及金融系统与实体经济之间能够导致金融不稳定的放大机制。

关于顺周期性的成因，许多学者认为，正是巴塞尔协议关于资本充足率标准的规定，在约束金融机构道德风险的同时，也造成了银行体系的顺周期性。Bernanke、Gertler和Gilchrist（1999）认为，巴塞尔资本监管规定存在着较强的顺周期性，在经济繁荣时低估了风险，而在经济衰退时则高估了风险。

关于银行业资本监管的顺周期性的影响，国内外学者认为，顺周期性将对银行信贷规模和宏观经济发展产生负面影响。Blum - Hellwig（1995）提出，银行的资本水平会对银行贷款规模产生限制，进而对经济稳定产生负面影响。

---

① 张显球. 宏观审慎监管：理论含义及政策选择［M］. 北京：中国金融出版社，2012：137 - 146.

Diamond – Rajan（2000）、Tanaka（2003）等学者认为，银行资本充足率监管要求会造成明显的信贷紧缩。Holmstrom（1997）认为，银行资本充足率是决定信贷规模和实体经济投资规模的重要因素，在经济下行时，会助推经济衰退。

张金城、李成（2011）提出，银行业资本监管的顺周期性和信贷的顺周期性，两者形成了银行业经营的双重顺周期性。关于金融当局如何应对顺周期性及其可能产生的破坏作用，2008 年金融危机爆发以后，国内外学者普遍提出了加强逆周期资本监管的观点。Gody 和 Howells（2006）认为，可实行反周期资本缓冲制度，在资本监管中引入违约概率的用例参数等方式，改变新资本协议最低资本要求的亲周期性。Goodhart 和 Persaud（2008）提出，应将反周期资本乘数和银行资产价值增长放在一起考虑，缓解公允价值和在险价值的亲周期性，控制信贷的快速增长。2010 年，巴塞尔银行委员会通过《巴塞尔协议Ⅲ》，在加强资本监管方面引入逆周期机制、扩大风险覆盖范围、限制过高的杠杆率等，提升银行的抗风险能力。此后，国内外学者主要从实证角度对逆周期资本监管进行研究和验证，提出了一些关于逆周期资本监管的具体措施。李文泓（2011）提出，金融体系的内在顺周期性——银行信贷在萧条时收缩、繁荣时扩张的特征，不可能完全消除。监管当局应当关注由外部规则和金融机构内部因素共同作用产生的顺周期性，以防止这些因素造成银行信贷和经济周期出现更大波动。[①]

从以上情况可以看出，各国金融监管和风险防范开始主要从资本监管着手，并制订了一系列标准，但由于资本监管具有明显的顺周期性，对金融稳定和宏观经济发展产生了不利影响，因而没有能够做到完全防范和处置风险，维护金融稳定。为此，还需要在资本监管之外，进一步研究采取相应措施。

（七）宏观审慎监管与货币政策

关于货币政策与宏观审慎监管政策之间的关系问题，国内外学术界持有不同的观点，主要争议之处在于宏观审慎监管与货币政策之间是否存在冲突，抑或是互补。

---

① 李文泓. 宏观审慎监管框架下的逆周期政策研究［M］. 北京：中国金融出版社，2011：5 - 6.

Goodhart、Schoenmaker（2005）认为宏观审慎监管与货币政策之间存在明显的冲突。Borio 和 White（2004）提出，货币政策与宏观审慎目标存在冲突，因为货币政策没有明确将调整金融失衡作为目标，因而在利用相机规则进行总量调节的时候可能产生顺周期效应，从而与宏观审慎的原则相背离。Poole（2007）认为，只要货币政策框架内部具有相关性，通货膨胀、经济增长和金融稳定就能够实现协调。由于货币政策和宏观审慎监管政策都影响实体经济变量，因而协调二者之间的关系具有较大难度。John Lipsky（2010）认为，货币政策最终很有可能成为宏观审慎监管政策的核心。Philipp Hildebrand（2010）提出，宏观审慎监管与逆周期货币政策的传导渠道是相互影响的。Kiyohiko Nishimura（2010）认为，有效的宏观审慎监管应该使其与微观审慎监管及货币政策保持一致。Cruana（2011）认为，宏观审慎监管政策与货币政策之间不存在根本冲突。一是因为金融周期的频率比宏观经济周期的频率低，金融周期状态可以被看做是一种宏观政策背景。二是货币政策和宏观审慎监管使用的工具属于不同的层级，因而在应对不同的宏观经济形势时二者可以相互补充。

张显球（2011）认为，有效的宏观审慎监管与货币政策之间相辅相成，但由于各自的目标不同，很难在二者之间寻求平衡。黄亭亭（2010）提出，设计宏观审慎监管框架的关键是使其与货币政策相互配合。

上述关于宏观审慎监管政策与货币政策相关性的研究，可以归纳成三种观点，第一种观点认为二者相互冲突、相互矛盾；第二种观点认为二者的政策工具彼此包含，相互补充；第三种观点认为二者相互联系但难以协调。但这些观点基本上都是单纯的理论研究，且系统性欠缺，实证研究不充分。

（八）宏观审慎监管的国际标准

在 2008 年金融危机爆发之前，关于宏观审慎监管的研究主要停留在理论探讨层面。金融危机爆发以后，从反思危机爆发的原因、造成的危害和防范手段出发，国内外理论界和政府部门普遍认识到，加强宏观审慎监管成为十分紧迫的任务，而且考虑到经济全球化所带来的金融危机传播性，促使巴塞尔银行委员会就实施逆周期监管、防范系统性风险形成共识，并对《巴塞尔协议Ⅱ》确定的资本监管框架进行改进，达成了《巴塞尔协议Ⅲ》。在 2010 年举行的 G20 首尔峰会上该协议得到批准，2011 年举行的 G20 戛纳峰会要求各国认真执行。对《巴塞尔协议Ⅲ》的作用，国内外理论界反应不一。

Thomas F. Cosimano and Dalia S. Hakura 提出，《巴塞尔协议Ⅲ》的实施，对大的银行来说平均增加 1.3 个百分点资本，对实体经济的贷款支持下降 1.3 个百分点，导致贷款利率提高 16 个基点。Adrian Blundell - Wignall and Paul Atkinson 提出，《巴塞尔协议Ⅲ》引入杠杆率、资本留存缓冲等指标，通过动态配置处理有助于减少另一场危机发生的机会。但《巴塞尔协议Ⅲ》也有缺陷，它没有对不同的金融机构采取不同的政策。Bill Allen，Ka Kei Chan，Alistair Milne，Steve Thomas 提出，《巴塞尔协议Ⅲ》的长期影响应该远小于许多行业的担忧，《巴塞尔协议Ⅲ》将限制信贷规模，并影响经济活动。但真正的问题不是更高的资本和流动性要求，而是确保整个金融服务行业能够适应新规则的要求。Stefan Schwerter 认为，《巴塞尔协议Ⅲ》提供了防范系统性风险的激励机制，但在风险加权资产比率、净稳定融资比率（NSFR）方面仍然存在问题。Hervé Hannoun 认为，实施《巴塞尔协议Ⅲ》，银行业危机的概率将大大减少，严重程度也将降低，从而将加强全球金融的稳定。

范小云、王道平（2012）认为，《巴塞尔协议Ⅲ》不仅关注金融机构的个体风险，而且关注金融行业的系统性风险，把宏观审慎监管和微观审慎监管有机结合了起来。[①] 巴曙松（2011）认为，《巴塞尔协议Ⅲ》重点对资本监管框架进行了改革，提高了资本数量和质量监管要求，扩大了风险覆盖范围，将杠杆率作为补充措施，并引入宏观审慎工具缓解顺周期性，以防范系统性风险。宋清华、余雪飞（2013）提出，《巴塞尔协议Ⅲ》初衷是防止银行业监管套利，减缓资本约束顺周期性，但仍造成资本调整成本等问题，很难防止顺周期效应，难以避免金融危机再度发生。

尽管《巴塞尔协议Ⅲ》依然存在不足之处，且不同国家因为国情不同对《巴塞尔协议Ⅲ》的执行力度不一，但目前《巴塞尔协议Ⅲ》在很大程度上已成为宏观审慎监管的国际标准和操作规范。

（九）宏观审慎监管的主体

关于宏观审慎监管的主体争论存在三种观点：一是应由中央银行作为宏观

---

① 范小云，王道平. 巴塞尔Ⅲ在监管理论与框架上的改进：微观与宏观审慎有机结合［J］. 国际金融研究，2012（1）：63.

审慎监管的主体，二是认为应组建专门的监管主体负责宏观审慎监管，三是认为应由金融监管部门承担宏观审慎监管。

Kent & Loe（1997）、Filardo（2004）认为，制定实施货币政策和银行监管的职能应该分开，中央银行对微观金融机构健康过于关注，会影响其宏观政策的制定和实施。

Blanchard（2010）认为，中央银行监测宏观经济的优势有助于其成为宏观审慎监管的执行者，因此中央银行应同时承担货币调控和宏观审慎监管双重职责。

William White（2010）认为，应该由中央银行作为宏观审慎监管的唯一机构，负责协调货币政策和宏观审慎监管的政策。Blanchard（2010）从三个方面阐释由中央银行同时作为货币政策和宏观审慎监管主体的缘由：第一，中央银行负责监测宏观经济；第二，可以减少危机发生时产生的部门间协调问题；第三，中央银行负责的货币政策对银行杠杆率和行为具有重要影响。

周胜强等（2012）认为，应确定中央银行在宏观审慎监管中的主体地位，加强宏观审慎监管与微观审慎监管的协调配合，维护金融稳定。夏斌（2010）提出，中国应在现有机构基础上成立一个宏观审慎管理小组或机构，制定相关政策，并实施监管。刘仁武（2012）提出，中国应该在法律上明确人民银行作为宏观审慎监管的主体，但应该对货币政策、宏观审慎监管和微观审慎监管的职能加以区分。

目前到底由谁作为宏观审慎监管的主体，理论界和主管部门之间意见不尽一致，从宏观角度大多建议由中央银行负责，从微观角度大多建议应由专业监管部门负责，从系统性风险防范角度大多建议重新组建一个监管部门来负责，比较可行的办法是根据各国金融市场发展状况和管理实践，发挥宏观货币政策制定部门和金融专业监管部门的合力作用，实现两者有机结合，做到相互协调、相互配合。

1.2.3　文献评述

2009 年以来，国内外学术界对宏观审慎监管的理论研究已取得了很大进展，初步形成了通过构建政策工具来防范系统性风险的宏观审慎监管的理论框架。在监管目标上，将整个金融系统稳定作为政策着力点；在监管工具上，从时间维度提出了资本充足率风险权重、贷款损失拨备、杠杆率和流动性比率等工具，从空间维度提出了系统重要性银行附加资本的监管要求；在系统性风险度量上，形成了综合指数法、早期预警技术和单市场数据及多市场数据的系统性风险计量模型方法；在宏观审慎监管与货币政策的关系上，指出两者密切配合能够共同防范系统性风险，维护金融稳定。

宏观审慎监管是一项经济政策框架，相关的学术探索属于应用性研究，操作性有待加强。由于宏观审慎监管理论提出时间较短，如何实现防范系统性风险、维护金融稳定目标，不仅在路径、手段和标准等方面仁者见仁、智者见智，而且在宏观审慎监管的政策框架与宏观经济体系之间的关系方面，意见和观点也不尽相同，甚至相互抵触。加之目前各国政府关于金融稳定的政策框架尚处于探索之中，没有成熟的经验可循，因而关于宏观审慎监管的相关理论还无从在实践中得到验证，因此可以断定，宏观审慎监管的理论研究还处于初级阶段。第一，两个世纪以来，以单体银行稳定为基础的微观审慎监管已经具有充分的理论依据，与之相比，迄今宏观审慎监管研究对自身理论依据、目标、政策工具等方面研究尚未形成一致观点，理论缺少系统性。第二，现有的宏观审慎监管相关理论、目标和政策框架，主要是针对 2008 年国际金融危机所产生的破坏性后果进行的反思和应对，具有一定的短期应急性特征，加之本次国际金融危机发生在发达国家，所以对不同发展阶段的国家其可行性、操作性和效果值得商榷。第三，巴塞尔协议、宏观审慎监管和货币政策对于防范金融顺周期性和系统性风险都可以发挥作用，但是迄今有关三者关系及如何发挥集成作用的研究不够。第四，部分学者已经构建了宏观审慎监管的相关理论模型，但由于本次国际金融危机迄今只有 5 年多时间，此间世界经济复苏乏力，相关风险识别和防范的模型设计基于的假设和验证还缺乏实践支撑，如杠杆率和流动性比率指标也只是理论上的，因而实践性较差。第五，中国社会主义市场经济正处于初级阶段，金融市场很不发达，银行资产占金融资产的比重高达80% 以上，因此以发达国家金融市场为基础的宏观审慎监管理论和政策框架对中国是否适用，并且在资本充足率达标有余，核心资本和一级资本充足率基本相同的情况下，中国宏观审慎监管应如何进行顶层设计和开展，这些都是远未破解的难题。在《巴塞尔协议Ⅲ》业已初步成为宏观审慎监管的国际规范重要组成部分之际，对银行业宏观审慎监管的理论和政策进行系统性研究，并提出中国的有效应对建议，是一项非常紧迫的课题。

1.3　研究目标

本书以中国银行业宏观审慎监管框架为题目，试图从银行业宏观审慎监管防范银行业系统性风险、支持实体经济、助推货币政策目标实现的"三位一体"监管目标体系出发，研究中国银行业监管主体、监管工具、微观基础、政策协调问题。通过对国内外宏观审慎监管目标实践、宏观审慎监管风险效率评价等问题进行理论实证研究，力求实现以下四个主要目标：

1. 提出银行业宏观审慎监管的目标。通过对银行业监管目标的历史演进研究，抽象发展规律，分析随着金融全球化深入发展，以及全球性或区域性金融危机的爆发，银行业宏观审慎监管的必然性，研究在实行逆周期监管，重点防范系统重要性银行风险的同时，要注重提高银行业自身的监管效率，实现防范银行系统性风险、支持实体经济发展、助推货币政策目标实现"三位一体"目标的有机统一。

2. 研究银行业宏观审慎监管目标之间的逻辑关系。由于金融体系的复杂性，"三位一体"目标之间往往各有侧重并相互关联，监管当局往往很难同时兼顾这三个目标，甚至有时目标之间还存在冲突或矛盾性。支持实体经济发展与防范系统性风险就存在矛盾，因为防范系统性风险往往要求控制有利于促进实体经济发展的高风险业务。需要对三个目标的内在统一性和对立性进行研究，努力在"三位一体"目标中寻求平衡。

3. 对中国银行业宏观审慎监管系统性风险进行实证分析。在对国外系统性风险计量实证模型进行研究的基础上，利用与系统性风险密切相关的宏观经济、金融市场、经济金融比率、金融机构对银行业的外部冲击指标，利用综合指数法识别中国银行业系统性风险状况，对中国银行业的系统性风险进行监测。

4. 建立中国银行业宏观审慎监管框架体系。本书以实现银行业宏观审慎监管"三位一体"目标为统领，提出了银行业宏观审慎监管"三位一体"的目标体系，从监管主体、监管工具、微观基础和政策协调等方面系统研究了如何实现"三位一体"目标问题，力求形成未来的中国银行业宏观审慎监管的框架体系。

1.4　研究方法和框架

本项研究采取的研究方法主要有：理论分析与实证分析、定性分析与定量分析、国内与国外对比分析、宏观分析与微观分析，涉及经济学、金融学、管理学、计量经济学等多学科。

1.4.1　理论分析与实证分析相结合

本项研究基于的理论主要有公共利益理论、金融脆弱性理论、金融风险管理理论、信息不对称理论、银行挤兑理论以及宏观审慎监管理论等。本研究的实证分析包括对美国、英国、日本、印度、巴西及中国银行业宏观审慎监管的分析研究。在研究过程中，将以这些理论为基础，对实证研究提供指导，并从中得出相关结论，丰富现有理论。

1.4.2　定性分析与定量分析相结合

银行业的宏观审慎监管目标、制度框架、监管政策及国际规范等需要定性研究，而中外银行业监管的现状分析、风险识别与防范以及相关监管工具指标体系的构建，则需要定量分析。在本项研究中，定性研究是主导，定量研究为定性研究提供佐证，二者有机结合。

1.4.3　国内与国外对比分析相结合

本项研究涉及中国与美国、英国、日本、印度、巴西等国银行业宏观审慎监管的对比分析，通过对比中外银行业宏观审慎监管体制、制度、政策导向等方面的相同点和不同点，总结规律，梳理出国外银行业宏观审慎监管的可供中国借鉴的经验。

1.4.4　宏观分析与微观分析相结合

在本项研究中，银行业系统性风险防范、银行业与宏观经济政策关系研究属于宏观分析层面，而银行机构的风险防范、数量指标体系设计等都属于微观层面的研究。在研究过程中，将宏观研究和微观研究相结合，最终提出中国银行业宏观审慎监管的框架设计、服务于宏观经济发展的货币政策等政策建议。

1.4.5　研究框架

本书首先阐述"三位一体"的银行业宏观审慎监管目标，围绕这一目标分别对监管主体、监管工具、微观基础进行设计、研究和论述，把"三位一体"目标作为各自的出发点和落脚点，作为各自的服务宗旨，因此，这四个部分是一个有机的统一体，在此基础上再研究银行业宏观审慎监管与财政政策、货币政策和区域政策的协调配合，最后形成本书的研究结论和政策建议（见图 1.1）。

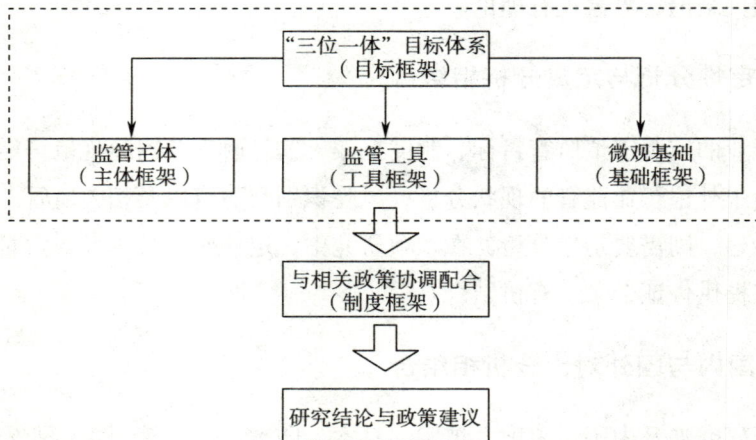

图 1.1　研究框架图

1.5 主要创新点和有待进一步研究的问题

1.5.1 本书主要创新点

1. 提出了"三位一体"的银行业宏观审慎监管目标。从银行监管目标的历史演进中抽象发展规律，证明监管目标是根据银行地位作用、业务运作模式和风险特征变化的要求而不断调整的。提出了新形势下银行业宏观审慎监管应设定为防范银行业系统性风险、支持实体经济发展、助推货币政策目标实现的"三位一体"目标体系。针对目前银行业宏观审慎监管的研究主要集中在防范系统性风险方面的不足，本书论证了确立"三位一体"目标体系的合理性及其内在统一性，认为通过防范银行业系统性风险、支持实体经济发展、助推货币政策目标的实现，才能实现有效的宏观审慎监管。针对处理目标间矛盾的难点，根据顺序抉择、主次抉择、统筹兼顾的原则，运用综合指数法计量系统性风险并划定阈值，按照不同风险等级的预警区间提出了三种可操作的目标抉择组合方案，有助于在新形势下厘清银行业宏观审慎监管的思路，深化对宏观审慎监管的认识。

2. 揭示了银行业宏观审慎监管工具的传导机理。运用丁伯根法则和供求定价原理，论证了实现"三位一体"的银行业宏观审慎监管目标需要采取相应的工具并实行有效传导，剖析了各种监管工具使用与防范系统性风险目标、支持实体经济发展目标、助推货币政策目标实现的关系，最终通过信贷、市场稳定、融资成本、流动性等中介指标及其组合，实现"三位一体"目标体系的传导机理。提出了可以根据不同风险等级预警区间下的目标抉择组合方案，对现有的14种监管工具进行搭配组合，避免工具之间的抵触或叠加，以实现集成效应和目标体系的动态平衡。不仅丰富和完善了金融监管理论体系中有关宏观审慎监管工具的传导机制理论，而且有利于解决监管工具操作运用中的现实难题。

3. 系统论证了财政与银行业宏观审慎监管的关系及财政在其中的重要作用。本书从理论上阐明了财政与银行业宏观审慎监管在公共属性的一致性、目

标的协同性、互为影响的现实性等方面的内在联系，揭示了财政对银行业宏观
审慎监管产生作用的机理及其传导机制，在总结有关国家财政应对 2008 年国
际金融危机等做法经验的基础上，提出我国应增强财政在宏观审慎监管中的责
任意识，通过注资、税收、贴息、担保、救助等政策措施和自身信用风险的控
制等路径，充分发挥财政在银行业宏观审慎监管中作用的建议，拓宽了银行业
宏观审慎监管的研究领域和工作思路。

4. 提出了全新的中国银行业宏观审慎监管框架。由于中国国情和银行业
发展情况与欧美等发达国家不同，在执行《巴塞尔资本协议Ⅲ》要求的同时，
中国相关监管目标、指标、工具和方法等不能照搬照抄国外的经验和做法，需
要求真务实地作出安排。针对中国国情，本书构建了以"三位一体"监管目
标体系为统领，监管主体、监管工具、微观基础、相关政策体系等多方组合的
中国银行业宏观审慎监管框架体系，具有较强的现实性和应用性。

1.5.2　有待进一步研究的问题

由于国内外学界对相关问题的认识存在分歧，各国做法也不尽相同，中国
银行业宏观审慎监管框架还处于探索阶段，加上本人能力和水平有限，本书对
银行宏观审慎监管工具的研究尚有不足之处，例如对实现"三位一体"目标
的衡量指标设计和定量研究不够系统、深入；对以"三位一体"目标体系为
核心的宏观审慎监管框架的理论支撑还显得有些单薄等，这些都有待于今后进
一步深入研究。

2

银行业宏观审慎监管体系目标的选择：历史演进与"三位一体"目标体系的构建

银行业监管目标决定监管当局的意志、宗旨和具体行动。本章通过对银行业监管目标的发展历史回顾，提炼出其共性特点，并分析银行业监管目标的发展演变历程，即从货币发行到保证存款人支付、20世纪30年代大危机与微观审慎监管的提出，从关注单体银行安全的微观审慎监管走向以防范系统性风险为主要特征的宏观审慎监管、银行业宏观审慎监管目标的扩展——"三位一体"目标体系的构建，在此基础上，着重从"三位一体"的宏观审慎监管目标体系内在统一性和矛盾性几个方面对银行业监管目标进行分析，重点是对"三位一体"目标体系之间矛盾性的处理进行论证。揭示银行监管从关注货币发行到关注单体银行风险，再到关注系统性风险，最终走向支持实体经济发展、助推货币政策目标实现的"三位一体"监管目标体系的历史沿革脉络、必然性及其内涵。

2.1 历史上的银行监管：从货币发行到保证存款人支付

本节从银行监管的历史起源开始，对银行监管目标进行回顾和分析，力求找出银行业监管的初始动机。

2.1.1　银行监管的起源

从 13—14 世纪起，银行业伴随着贸易活动逐步形成，15 世纪后随着货币和信用的发展，银行业在经济社会发展中发挥着越来越重要的作用，这个时期贷款、经纪、存款和票据等业务开始出现。当时银行业发展处于自由银行制度

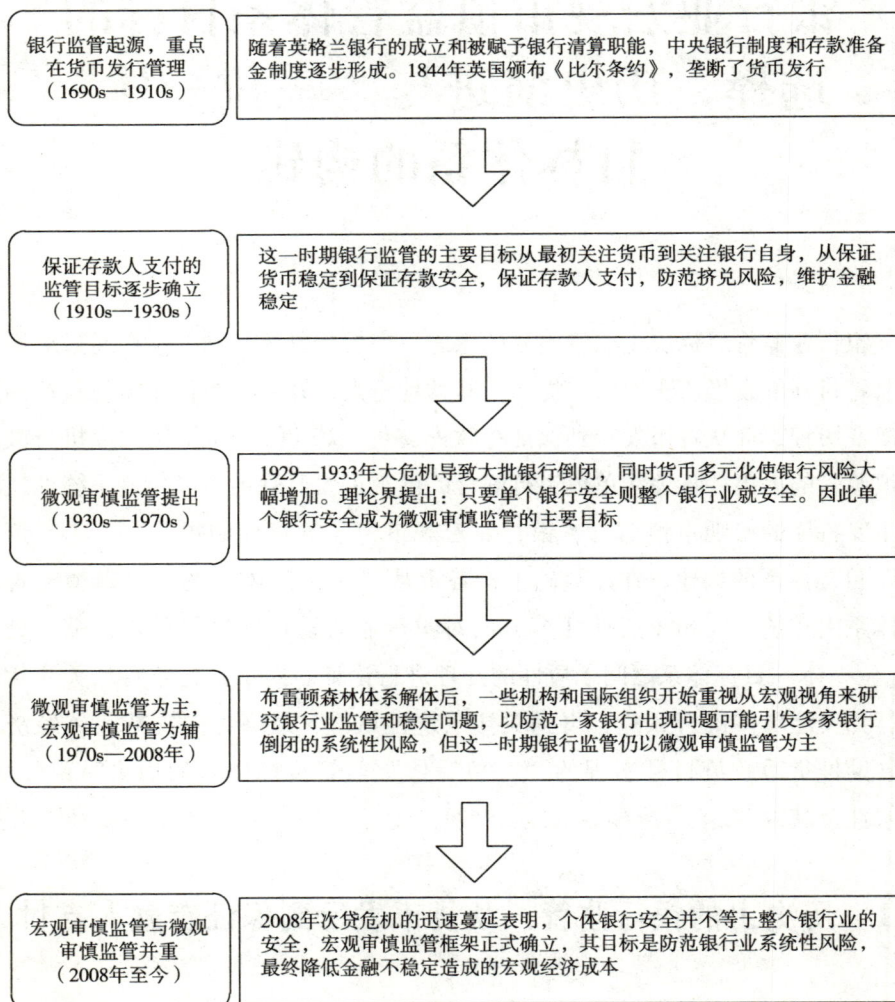

银行监管起源，重点在货币发行管理（1690s—1910s）	随着英格兰银行的成立和被赋予银行清算职能，中央银行制度和存款准备金制度逐步形成。1844年英国颁布《比尔条约》，垄断了货币发行
保证存款人支付的监管目标逐步确立（1910s—1930s）	这一时期银行监管的主要目标从最初关注货币到关注银行自身，从保证货币稳定到保证存款安全，保证存款人支付，防范挤兑风险，维护金融稳定
微观审慎监管提出（1930s—1970s）	1929—1933年大危机导致大批银行倒闭，同时货币多元化使银行风险大幅增加。理论界提出：只要单个银行安全则整个银行业就安全。因此单个银行安全成为微观审慎监管的主要目标
微观审慎监管为主，宏观审慎监管为辅（1970s—2008年）	布雷顿森林体系解体后，一些机构和国际组织开始重视从宏观视角来研究银行业监管和稳定问题，以防范一家银行出现问题可能引发多家银行倒闭的系统性风险，但这一时期银行监管仍以微观审慎监管为主
宏观审慎监管与微观审慎监管并重（2008年至今）	2008年次贷危机的迅速蔓延表明，个体银行安全并不等于整个银行业的安全，宏观审慎监管框架正式确立，其目标是防范银行业系统性风险，最终降低金融不稳定造成的宏观经济成本

图 2.1　银行监管演进图

时期，大多靠君子协定方式解决纠纷或问题，市场在银行经营中发挥"看不见的手"的作用，银行在市场竞争中自生自灭，不管理风险银行就无法生存。后来一些西方国家发现银行过多发放银行券容易发生兑付问题，也容易产生挤兑，仅仅依靠市场有时也存在缺陷，于是当局开始对银行业经营活动进行一定的干预，建立了中央银行制度，对银行业进行一定程度的管理。可见，真正意义上的银行监管是伴随中央银行的建立而逐步产生的。1694 年英格兰银行成立，承担了政府融资的职能，同时管理国家债券，被认为是现代意义上的中央银行。1844 年英国发布《比尔条例》，要求银行发行纸币要拥有相应数量的黄金或政府债券，将英格兰银行的货币发行单独分离出来，并垄断货币发行权，实际上已享有中央银行部分职权。1854 年英格兰银行被赋予银行清算职能后，其他商业银行为了清算方便和维护自身商业信誉，纷纷在该行开立存款账户，相当于商业银行在该行交纳了存款准备金，尽管没有法律规定，但事实上形成了世界上最早的存款准备金制度。1863 年美国出台《国民银行法》，明确成立国民银行需对发行的银行券和吸收的存款交纳法定准备金，由财政部对国民银行进行注册、检查，《国民银行法》被认为是世界上第一部银行准备金法律。1913 年美国颁布实施《联邦储备银行法》，成立联邦储备银行和联邦储备局，要求商业银行向联邦储备银行交纳一定比例的存款准备金。由于当时经济自由主义占据主流，银行业处于混业经营阶段，对银行业的监管比较宽松，监管措施倾向于原则性。

2.1.2 保证存款人支付的监管目标的逐步确立

银行业与经济社会的方方面面都具有十分广泛而密切的联系，业务涉及面非常广泛，有力地促进了经济发展。但是，由于银行经营的商品是货币、是资金，借短贷长、期限错配和高杠杆率，使银行具有一定的风险性，其发展状况对经济社会发展产生的影响越来越大，因而各国十分注重对银行的监管。主要的监管动机有：一是防范银行风险。由于银行主要从事存贷款和信用中介等方面业务，一方违约容易导致信用风险，同时借短贷长、期限错配和对利润的追逐容易导致银行盲目扩大信贷规模，容易造成银行流动性问题等，需要中央银行或监管当局采取相应的措施加强监管。二是维护金融稳定。一家银行的倒闭破产将产生一系列的多米诺连锁反应，不仅给其他银行和银行的客户带来较大的损失，而且可能引起客户挤兑事件发生，影响社会公众对银行业的信心，进而对宏观经济运行和社会发展产生不利影响，可能会引发局部地区经济动荡，甚至会导致金融危机。三是保护存款人和社会公众利益。由于银行和客户双方信息不对称，存款人不了解银行信贷资金的使用和投资情况，如果没有政府部门的监管不利于银行客户掌握自己的资金状况，不利于增强银行客户的信心，也容易导致银行对特定关系人贷款，或投资于高风险领域，引起不公平交易。

在各国经济社会发展过程中，银行曾起到巨大推动作用，但由于经营资金借短贷长、期限错配，使银行存在一定的风险及传染性，因而各国十分重视对银行业的监管。早期的银行监管管货币，主要目标是保证货币发行稳定，后来调整为保证支付，主要解决银行滥发银行券、过度投资、过度放贷可能出现的支付危机，防止引发挤兑导致出现金融风险。英国、美国等国家建立存款准备金制度的根本动机，主要是为了保证存款人支付。因而这一时期银行业监管的主要目标是从最初关注货币到关注银行自身，从保证货币发行到保证存款安全，防范挤兑。

2.2 20世纪30年代大危机与微观审慎监管的提出

20世纪30年代美国大危机对银行监管产生重大影响，各国央行对银行监管制度作出改革，建立了监管架构，出台相关法律法规，使银行业监管走上以维护单体银行安全为核心的微观审慎监管时代。

2.2.1 20世纪30年代大危机与银行监管

20世纪30年代美国大危机以后，世界各国意识到由于银行存在较大的负外部性，仅仅依靠市场的力量是难以保证其稳定的，一旦发生危机将对世界经济产生很大的冲击，仅美国1930年银行倒闭1 300多家。此间，凯恩斯国家干预主义开始盛行，各国政府开始加强对银行监管，对早期存款准备金制度、中央银行最后贷款人制度等进行规范，以法律形式进行明确，并建立相应的监管框架。由于大危机对美国银行业影响较大，因而美国采取的监管措施也比较严格、比较典型，成为银行监管迈向微观审慎监管的转折点。1933 年美国出台了《格拉斯—斯蒂格尔法》，对银行设立、经营、产品价格等作出明确的规定，强化了美联储对银行的监管，将商业银行与投资银行业务分开，公司债券承销业务交由投资银行负责，实行分业经营，建立银行监管框架。同时，法国等欧洲国家也对银行监管进行改革，把银行业监管从银行、证券和保险等金融业监管中分离出来，对银行业实行分业监管，这一时期中央银行的监管职能得到进一步加强。

2.2.2　微观审慎监管监管目标的提出

微观审慎监管目标的确立有着深刻的历史背景：一是 1929—1933 年的全球大危机导致大批银行倒闭，促使理论界和实业界反思如何维护银行业稳定问题；二是 20 世纪初，信用货币发行过多，造成货币多元，货币已经被作为资本来经营，银行业由最初的金融中介变成一个行业或产业，具有信贷、投资等多种功能，经营风险进一步增加。这两方面因素的存在，促使各国央行和监管当局研究如何采取有效措施保证单体银行安全问题，与银行业监管工作实践相呼应，理论界提出了只要单体银行是安全的则整个银行业就安全的理论假设，为这一实践提供了理论支撑。当然，这个时期由于实行金本位制，货币发行有黄金储备的约束，对商业银行监管主要靠存款准备金和央行最后贷款人制度，主要防范货币滥发和货币支付需要，关注银行倒闭。因而，确保单体银行安全成为微观审慎监管的主要目标。

2.2.3　保障微观审慎监管目标的主要措施

各国出于保证单体银行安全的目的防范银行风险，一方面对货币发行到保证存款人支付阶段相关监管措施进行固化，以法律法规形式予以明确；另一方面研究出台了相应的政策措施，进一步强化对银行业的监管。归纳起来主要有以下几个方面：

一是完善中央银行监管职能，把中央银行打造成发行的银行、政府的银行和银行的银行，落实中央银行最后贷款人制度。二是在银行业盈利性基础上，提出盈利性、流动性、安全性原则，作为商业银行的经营原则。三是改革金融管理体制，实行分业经营、分业监管，建立银行监管框架，将商业银行与投资银行业务分开，公司债券承销业务交由投资银行负责。四是落实商业银行存款准备金制度，并与公开市场操作、再贴现一道成为货币政策的三大法宝。五是强化商业银行的内部控制，将其覆盖到所有的业务和操作环节，把防范风险特别是信贷风险作为内部控制的核心，完善内部组织结构、银行业务风险控制、会计系统控制、授权授信的控制，以服务于商业银行的整体经营目标。六是建立存款保险制度，银行向政府组建的保险公司交纳保费，由保险公司代表政府在银行发生兑付风险时对存款人资金进行偿付，以保持存款人对银行的信心。

2.3　20世纪70年代从微观审慎监管走向宏观审慎监管：监管范围及工具

20世纪70年代，以德国赫斯塔特银行、美国富兰克林国民银行倒闭为标志，一些国际组织和相关国家开始研究银行业宏观审慎监管问题，银行业监管开始从微观审慎监管走向宏观审慎监管，银行业监管目标和工具在微观审慎监管基础上有所扩展。

2.3.1　20世纪70年代宏观审慎监管的提出

20世纪70年代，世界经济和科技领域发生了两大变化：一是1973年3月美元与黄金、各国货币与美元挂钩的布雷顿森林体系彻底解体，固定汇率制度取消；二是信息技术的发展使信用货币在技术上具有无限扩大的可能。当时，西方国家经济发展出现滞胀，为追求经济增长，经济自由主义又开始盛行，加上经济、金融全球化快速发展，此间对银行业监管出现放松趋势，对银行的经营范围、地域、利率等限制逐步放宽，金融机构和金融业务的界限比较模糊，分业经营被不断打破，开始出现混业经营。德国赫斯塔特银行、美国富兰克林国民银行倒闭，引发跨国界的连锁反应式的金融危机，引起人们对银行风险防范的思考。1979年6月末巴塞尔银行监管委员会的前身库克委员会（Cooke Committee），在一次关于国际银行贷款期限转换的讨论会中首先提到了"宏观审慎"一词，成为银行业宏观审慎监管开始的标志。1986年的《国际银行新近创新报告》中用部分段落正式公开讨论了宏观审慎政策，随后，"宏观审慎"开始被越来越多地被提及。一些机构和国际组织开始从宏观经济角度来研究银行业监管和稳定问题，以防范一家银行出现问题可能产生连锁反应，引发多家银行倒闭，银行监管开始关注系统性风险。至此，宏观审慎监管逐步流行。

2.3.2　2008 年以前以微观审慎监管为主、宏观审慎监管为辅

尽管 20 世纪 70 年代末银行业宏观审慎监管问题已经提出，但当时理论界主要关注的是单体银行风险防范，银行业系统性风险没有得到应有的重视。William F Sharpe 在 1963—1964 年通过单因素模型和资本资产定价模型提出证券投资风险分为非系统风险和系统性风险后，在很长一段时间内，对系统性风险防范主要用在证券投资上。各国银行业监管目标仍以单体银行安全的微观审慎监管为主，立足于防范银行业发生信用风险、流动性风险、操作性风险，对银行业准入、存贷款业务、撤销、运营等加以明确。20 世纪末，金融创新步伐加快，各国监管当局信奉最少的监管就是最好的监管的原则，放松了对银行的监管，美国 1999 年出台了《金融服务现代化法案》，银行分业监管被打破，允许银行、证券、保险相互之间渗透，宏观审慎监管只是作为银行监管的次要目标和手段发挥作用。

在国际层面，1974 年底 BCBS 成立后，加强了银行业监管的国际合作，提出了银行业监管的相关标准，主要以资本充足率监管为核心内容，因而依然属于微观审慎监管范畴。1988 年前，BCBS 先后制定了《国外银行设立的监管报告》《综合资产负债表原则》《国外银行设立的监管原则》，1988 年制定了《统一资本计量和资本标准的协议》（巴塞尔协议 I），2004 年制定了《资本计量和资本标准的国际协议：修订框架》（巴塞尔协议 II），其监管以促进银行业稳健和平等竞争为原则，促进银行业强化风险防范和管理。

这一时期，各国和 BCBS 等国际监管机构对银行监管使用的具体工具和标准有资本和贷存比率、存款准备金、资产负债比例、贷款集中度等，1978 年 5 月美国联邦存款保险公司还采用 CAMEL 银行评级制度等。《巴塞尔协议 I》、《巴塞尔协议 II》提出资本约束、外部监督、市场约束三大工具，明确了资本

构成、资本充足率、风险加权资产的计量方法和模型。这些量化指标的确定，一方面可以使各国的监管指标具有可比性，另一方面可以统一协调各国行动，为银行业宏观审慎监管奠定基础。

2.3.3　2008 年国际金融危机后进入宏观审慎监管与微观审慎监管并重的时代

由美国次贷危机引发的 2008 年的全球性金融危机表明，单体银行的安全并不等于整个银行业的安全。相关国际组织和一些国家监管当局开始反思以单体银行安全为目标的微观审慎监管的金融管理制度、体制和措施，从宏观和战略角度研究加强金融监管问题。经过理论和实践部门的共同探索，宏观审慎监管日益成为相关国际组织和各国当局关注的重点内容之一。2009 年 4 月召开的 G20 伦敦峰会正式提出宏观审慎监管框架和加强金融监管的相关措施。金融稳定理事会（FSB）、国际货币基金组织（IMF）、国际清算银行（BIS）、巴塞尔银行监管委员会（BCBS）也纷纷研究宏观审慎监管的目标、工具、措施以及与其他监管工具的协调配合，以防范系统性风险发生。

上述国际组织和有关国家共同研究的结果是，银行业宏观审慎监管目标是防范银行业系统性风险，最终降低金融不稳定造成的宏观经济成本；微观审慎监管目标是防范单体银行倒闭，最终是保护存款者利益。由于宏观审慎监管和微观审慎监管是银行监管的两种不同方式，并且宏观审慎监管是建立在微观审慎监管基础上的，因此尽管 2008 年以来，国际组织和世界各国积极研究加强银行业宏观审慎监管，但由于两者关注重点、监管方式不同，并且二者间相互促进、相互影响，银行业宏观审慎监管不能取代微观审慎监管，银行业微观审慎监管仍然是银行业一种重要的监管方式。鉴于此，银行业监管进入宏观审慎监管和微观审慎监管并存的阶段。

银行业宏观审慎监管是指把银行监管与宏观经济金融发展结合起来统筹考虑，通过建立政策工具和政策组合来判定宏观经济金融走势，进而对银行业顺周期性、大而不能倒机构等采取相应的监管措施，从而防范系统性风险，维护整个银行业安全、稳定的一种银行业监管方式。银行业宏观审慎监管的重点有以下几个方面：一是重视逆周期监管。重点是防范资本监管顺周期性，即在经

监管目标	约束发行与保证 存款人支付	微观审慎监管	宏观审慎监管
监管主体	中央银行	中央银行，分业监管机构	中央银行，分业监管机构，国际协调
关注重点	关注单个银行	关注单体银行风险	关注系统银行风险
监管特点	盈利性	盈利性、流动性、安全性	盈利性、流动性、安全性，资本金，系统重要性银行
监管工具	存款准备金，最后贷款人	存贷比、单一贷款比率，大额贷款比率，贷款集中度	资本充足率，逆周期资本缓冲，资本留存缓冲，系统重要性银行附加资本，流动性比率……

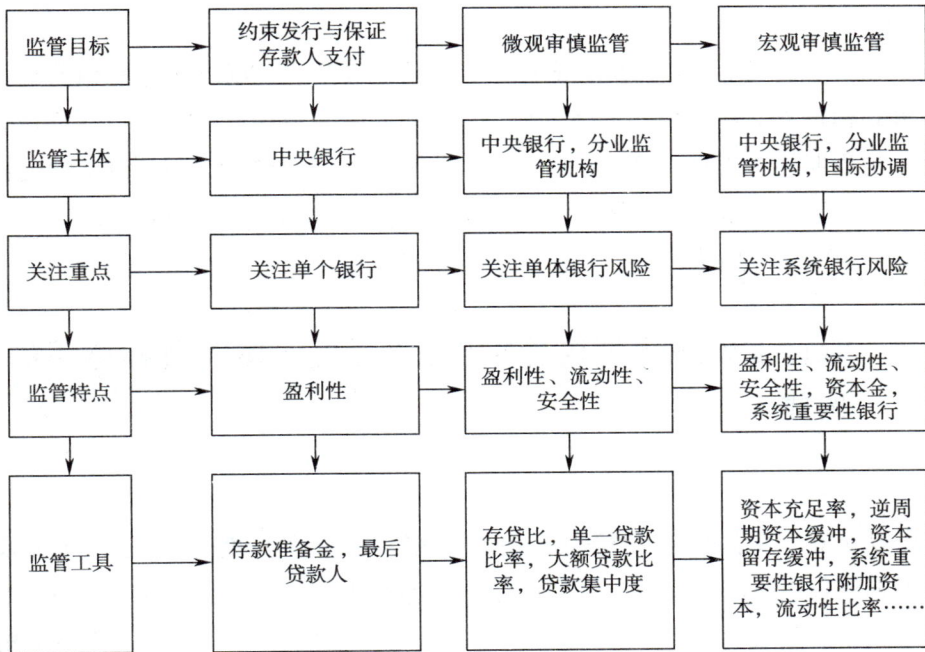

图 2.2　银行业监管目标演进脉络图

济上行时少计提计资本，在经济下行时多计提资本，导致在经济形势好时增加贷款，从而推高资产价格形成泡沫，在经济低迷时紧缩信贷，从而给实体经济造成不利影响。二是重视系统重要性银行的监管。由于系统重要性银行规模巨大，关联度强，影响面广，一旦出现问题，会引起金融恐慌，因此宏观审慎监管十分关注系统重要性银行的监管，通过相关制度和监管指标加强监管，防止系统重要性银行发生问题。三是重视发挥社会中介组织作用。银行业监管由自由银行时期的银行自律为主，向行业协会他律和监管当局公律转变。四是重视加强监管国际合作。随着经济全球化、金融自由化和金融创新快速发展，要想维护金融稳定，防范金融风险传播、蔓延，仅仅靠一国加强银行业监管是不够的，还需要加强银行监管的国际协作，特别是 BCBS 成立后非常注重监管的国际合作，先后推出了一系列监管协议，使之成为新形势下银行监管的国际标准，在成员国之间执行，并最终影响非成员国家也执行该协议，实现共同监管的良好局面。2008 年国际金融危机发生后，G20 领导人峰会多次召开会议，研究金融风险防范问题，其中加强银行业等金融机构监管合作是会议主要议题之一。

银行业宏观审慎监管在微观审慎监管基础上建立了一系列宏观审慎监管工具和指标，主要有：（1）资本监管，包括资本充足率风险权重、资本留存缓冲、逆周期资本缓冲。（2）杠杆率。（3）流动性风险监管，包括流动性覆盖比率（LCR）和净稳定融资比率（NSFR）。（4）动态拨备。（5）系统重要性银行（SIFIS）的附加资本。（6）差额存款准备金。

2.4　银行业宏观审慎监管扩展："三位一体"目标体系的构建

从更好地发挥银行业的作用、促进宏观经济发展的角度出发，银行业宏观审慎监管仅以防范系统性风险为目标是远远不够的，还需要支持实体经济发展，助推货币政策目标实现，构建"三位一体"的监管目标体系。本节对银行业宏观审慎监管"三位一体"目标体系的内涵、内在联系进行了研究。

2.4.1　关于经济政策目标多寡的理论争论与实践

经济政策目标是服务于经济主体和行政当局的意志的。自从有了政策目标以来，理论界历来存在单目标和多目标熟优熟劣之争，形成了不同的学派，并且各国的实践也不相同。国家干预主义一般主张多目标，其理论依据是市场容易失灵，仅靠市场自由调节达不到目标，并且各个目标是相互关联的，主张充分发挥政府有形的手对市场失灵的纠正作用，认为政府仅管理一个方面可能达不到预期的效果。比如财政政策主要负责公平分配，但如果只管再分配，不能发挥财政应有的作用，其主要代表人物有凯恩斯、斯蒂格里茨、萨缪尔森等。经济自由主义一般主张单目标，其理论依据是经济人是理性的，市场是有效市场，主张发挥市场无形之手的作用，政府只需要充当守夜人。比如，财政政策只需实现公平分配，货币政策稳定币值即可，产业政策、外贸政策也都有自己的目标，如果每项政策都能做到各负其责、实现各自目标，则整体目标即可实现。其主要代表人物有施瓦茨、弗里德曼、哈耶克等。

表 2.1 当代西方两大经济学阵营中的主要学派及政策主张

两大阵营	核心观点及主张	代表学派	代表人物
国家干预主义	➤ 国家应对经济运行实行管理和干预，为市场和社会提供必要的经济服务； ➤ 不应只是经济秩序的消极保护者，而应是经济社会活动的积极参与者和干预者； ➤ 不仅应弥补市场失灵，而且应防止市场出现新的失灵； ➤ 通过政策手段缓解经济矛盾，调节供求，刺激消费和投资，扩大就业，增加收入，促进经济发展； ➤ 主张多目标管理，且各目标相互关联。	凯恩斯主义	约翰·梅纳德·凯恩斯
		新剑桥学派	琼·罗宾逊夫人
		新凯恩斯主义	约瑟芬·斯蒂格里茨 格里高利·曼昆
		新古典综合派	保罗·萨缪尔森 詹姆森·托宾 罗伯特·索洛
		瑞典学派	克努特·维克赛尔 阿瑟·林德贝克
经济自由主义	➤ 信奉"自由市场、自由经营、自由竞争、自动调节、自动均衡"的原则，理论核心在于市场的价格机制； ➤ 在自由市场经济中，一切都可借助价格机制，通过价格波动自动调节供求，使经济自动实现稳定均衡，一切人为干预都是不必要的； ➤ 政府的各种干预不仅多余，而且还会破坏市场机制，政府对经济活动应信守"自由放任"的原则； ➤ 主张单一目标管理，充分发挥市场自发调节机制。	弗莱堡学派	瓦尔特·欧根 路德维希·艾哈德
		供给学派	安娜·施瓦茨
		货币学派	米尔顿·弗里德曼 罗伯特·E. 卢卡斯 托玛斯·J. 萨金特 基德兰德 普雷斯科特
		理性预期学派	阿瑟·拉弗 罗伯特·A. 蒙代尔
		哈耶克自由主义	弗里德里希·A. 哈耶克

资料来源：李健．当代西方货币金融学说 ［M］．北京：高等教育出版社，2006．

　　同样，在货币政策问题上，不论国外还是国内、理论界还是实业界，历来有单目标和多目标之争。20 世纪 90 年代，特别是 21 世纪以来，货币政策单目标的观点提出通货膨胀目标制，认为货币政策只需完成通货膨胀一个目标即可，该理论学派主要代表人物有欧根、艾哈德、弗里德曼等。多目标观点认为，货币政策作为宏观调控的重要组成部分，需要同时兼顾多个目标，以充分发挥其作用，该理论学派主要代表人物有凯恩斯、斯蒂格利茨、汉森、托宾等。受这两种截然不同的观点影响，实践中各国的政策目标选择也不相同，形成了不同的货币政策模式。比如，德国货币政策就是单目标，只关注物价稳定；美国货币政策为多目标，既关注通货膨胀又关注失业，特别是 2008 年国际金融危机后，为了尽快走出困境、恢复经济，实行量化宽松货币政策，更加强调多目标制。中国货币政策目标按照人民银行法规定，是通过保持货币币值的稳定，促进经济增长，实际工作中还兼顾促进就业和国际收支平衡，也属于多目标政策。尽管各国货币政策目标不尽相同，但都殊途同归，较好地服务于本国宏观经济的发展。因此，一个国家经济政策实行单目标还是多目标，没有固定模式和范例，不能一概而论，主要是由其经济发展水平、资源配置状况和管理能力等情况决定的，需要根据本国国情综合考虑。

表 2.2　　　　　　　　西方主要经济学派及货币政策主张概览

货币政策目标	学派	目标内容	代表人物	主要观点	代表国家
单一货币政策目标论	弗莱堡学派	稳定币值	欧根、艾哈德	➤ 市场经济发展依赖于货币稳定。价格形成机制、有效竞争、生产经营活动和经济人道主义实施，都以此为基本条件； ➤ 宏观经济政策可以有多个目标，对于中央银行来说，货币政策目标只能以稳定货币为主。	德国、新西兰、英国等
	货币学派	稳定币值	弗里德曼	➤ 货币数量对国民收入、消费、投资、利率、汇率、就业量等都有十分重要的影响，发挥支配作用； ➤ 货币政策最明确的目标就是控制货币供应量，以保证币值或一般物价水平稳定。	

续表

货币政策目标		学派	目标内容	代表人物	主要观点	代表国家
多重货币政策目标论	双重目标	凯恩斯学派	充分就业、经济增长	凯恩斯	➢ 在非充分就业常态中，可以通过伸缩性工资政策和货币政策来降低利率； ➢ 采用刚性工资政策和膨胀性的货币政策切实可行、简便有效，可以产生刺激经济，增加就业、产量和收入的预期效果，且不会导致恶性通货膨胀。	美国、中国等
		新凯恩斯学派	充分就业、经济增长	斯蒂格利茨	➢ 与凯恩斯学派基本一致，但在货币政策终结指标的选取方面存在较大分歧。	
	多重目标	新古典综合派	稳定币值、经济增长、充分就业、国际收支平衡	汉森、托宾等	➢ 从周期平衡的角度提出"补偿性"的财政货币政策，采取"逆经济风向行事"； ➢ 提出增长性货币和财政政策，持续刺激社会总需求，保持经济快速增长，扩大就业； ➢ 将"国际收支平衡"列入货币政策最终目标体系； ➢ 四大目标难以同时实现时，应采取相机抉择的方法，将货币政策目标进行主次排位。	

资料来源：李健. 当代西方货币金融学说［M］. 北京：高等教育出版社，2006.

2.4.2 "三位一体"银行业宏观审慎监管目标的内涵

目前理论界提出的银行业宏观审慎监管主要关注防范银行业系统性风险，即防范银行业顺周期性和系统重要性银行风险一个目标，把银行业与其基本服务对象和赖以生存和发展的基础——实体经济以及宏观经济大环境割裂开来，只是狭义的监管，会导致银行业监管部门为了防范系统性风险而采取过度的监管措施，不利于实体经济发展，从根本上讲也防不住银行业系统性风险，因为系统性信用风险根子在实体经济，实体经济出问题，银行业也会发生风险，因此只关注一个目标，对整个经济金融发展来说，是不够的，也管不好。如果再增加支持实体经济发展变成两个目标，为满足实体经济需要，银行业会创新泛滥，提供大量流动性支持，容易导致经济过热，出现泡沫，给宏观经济发展带来更大的风险。只有将这两个目标和助推货币政策目标实现特别是货币币值稳定结合起来，才能够把银行监管和宏观经济全局结合起来，防止银行业流动性泛滥，甚至脱实向虚，实现真正意义上的宏观审慎监管。因为系统流动性风险与货币政策和财政政策都密切相关，所以银行业宏观审慎监管应该是广义的监管，是"三位一体"的监管。根据以上对政策目标的分析，经济政策和货币政策目标既可以是单目标，也可以是多目标，但是从我国国情出发，中国银行业宏观审慎监管应当根据经济金融发展实际，选择兼顾防范银行业系统性风险、支持实体经济发展、助推货币政策目标实现的"三位一体"的多目标体系。

防范银行业系统性风险的目标，主要是通过对银行业顺周期和大而不能倒机构采取相应的监管措施，防止银行业发生信用风险、市场风险和流动性风险，其中市场风险最重要的是利率风险和汇率风险；支持实体经济发展，是通过银行业宏观审慎监管相关工具的使用，确保实体经济能够获取必要的信贷支持，抑制经济顺周期性，促进经济平稳增长；助推货币政策目标实现目标，主要是采取逆周期监管措施，促进货币供求数量和结构平衡，防止出现通货膨胀和通货紧缩，保持物价和汇率稳定，稳定货币币值。根据中国人民银行法，中国货币政策目标主要是稳定货币币值，因此助推货币政策目标实现主要从稳定货币币值角度进行阐述。

2.4.3　银行业宏观审慎监管"三位一体"目标体系的合理性

"三位一体"英文是"trinity"，最早起源于基督教中，是圣父、圣子和圣灵合为一体的神，因而，三位具有内在的一致性。从银行业宏观审慎监管"三位一体"的目标体系来说，防范银行业系统性风险、支持实体经济发展、助推货币政策目标实现三个目标也具有内在统一性。宏观审慎监管之所以在提出30多年后，才开始被广泛利用并不断发展完善，主要是适应了后金融危机时代的大背景，强调防范经济的顺周期性和系统重要性银行的风险。在银行监

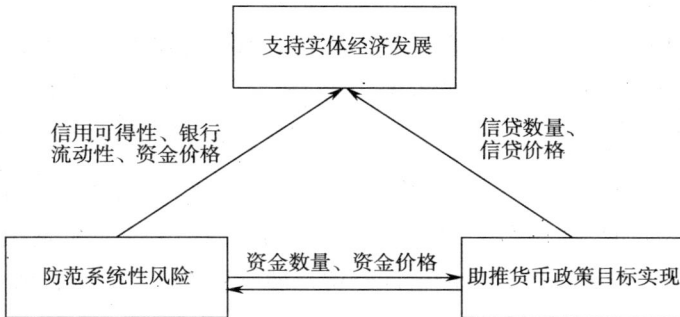

图 2.3 "三位一体"目标体系图

管方面，如果只是片面地追求防范风险，为了稳定而稳定，不兼顾实体经济发展和助推货币政策目标实现，只是被动的、消极的监管，是不可持续的，因为一旦实体经济衰退企业信用出问题相互拖欠货款、恶意透支，会造成银行信用风险、流动性风险、市场风险甚至是系统性风险，进而也会影响银行业稳定和风险防范。货币币值不稳，波动过大，容易造成银行业投资、融资困难，给境外逐利热钱、游资和金融大鳄跟风炒作造成可趁之机，一旦资金发生逆转，将导致一国银行破产、楼价暴跌、股市崩盘，经济一落千丈，1997 年东南亚金融危机的教训是非常深刻的。因此，银行业宏观审慎监管需要形成"三位一体"框架。银行业宏观审慎监管之所以需要形成"三位一体"目标，有其内在逻辑和紧密联系。

1. 由三大目标的内在一致性决定的。从系统性风险产生和发展来看，系统性风险不仅导致当事银行业及金融业倒闭破产，而且通过金融机构之间相互关联及第三方传染扩散，给银行业、经济金融业乃至一国甚至世界经济发展带来灾难性后果，因而需要立足全局、从宏观整体角度重点防范银行业逆周期和系统重要性银行的风险。如果银行业宏观审慎监管缺乏，可能导致银行业及其系统重要性银行发生系统性的信用风险、市场风险、流动性风险。系统性信用风险往往产生企业相互拖欠，影响企业信用和银行信用，导致银根收紧影响实体经济发展，同时也会出现利率上升和汇率波动，从而影响币值稳定和助推货币政策目标实现。系统性流动性风险影响货币供求，进而影响货币币值稳定和助推货币政策目标实现，同时在一定程度上影响银行业支持实体经济发展。系统性市场风险会进一步引发信用风险和流动性风险，导致企业信誉下降，拖欠货款，在关联性较强的市场结构中，一家企业发生拖欠将影响一系列企业和银行，导致银根收缩、流动性下降，进而影响币值稳定和实体经济发展。

2. 由三大目标的交融性决定的。从宏观审慎监管的目的和作用来看，防范系统性风险、支持实体经济发展、助推货币政策目标实现三者的交集以实体经济健康发展为基础，体现实现经济发展与货币政策、银行业监管政策的关系。系统性风险的信用风险、流动性风险、市场风险分别影响信用可获得性、银行流动性和资金的价格，影响实体经济发展所需资金，从而影响支持实体经济发展目标的实现。助推货币政策目标实现通过影响货币数量的扩张或收缩以及资金的价格，影响银行信贷数量及信贷价格从而影响实体经济发展所需资金，影响支持实体经济发展目标的实现。信用风险、流动性风险和市场风险（利率风险和汇率风险）通过影响资金价格和数量进而也对货币币值稳定产生影响，最终也会影响支持实体经济发展。因此，三者的交融性主要体现在支持实体经济发展目标上。

3. 由三大目标的依存性决定的。实体经济发展的好坏很大程度上依赖于信贷数量和价格稳定，而信贷的数量和价格依赖于币值的稳定，币值的稳定受到系统性风险的信用风险、市场风险和流动性风险的影响。如果币值不稳定，将导致利率上升或下降，影响银行业流动性、信用风险和实体经济发展。货币币值稳定也依赖于系统性风险的信用风险和流动性风险目标，如果系统性风险的信用风险、流动性风险发生波动，将使信贷资金数量和价格发生变化，从而影响货币币值稳定。系统性风险防范也依赖货币币值稳定和实体经济健康发展，如果货币币值不稳定甚至大起大落，导致实体经济衰退将影响银行信用和流动性风险防范目标的实现。

4. 由中国特殊国情决定的。一是中国国情与欧美日等国高度市场化、资本市场高度发达等存在较大差异，中国还处在社会主义市场经济初级阶段，市场发育不完善，市场参与者不都是理性的。二是中国银行业资产占金融资产比例高达80%以上，银行业间接融资占60%以上，银行业以国有或国有控股为主。中国银行业宏观审慎监管不能只为了银行稳定而单打一，还需要考虑银行业的特殊属性和其在国民经济发展中的特殊作用，积极支持实体发展；还需要发挥银行业在稳定货币币值中的作用。从中国实践看，中国政府一直强调银行业要支持实体经济发展、服务小微企业，仅2013年国务院就批准印发了两个金融支持实体经济发展方面的文件。在中国助推货币政策目标实现的调控中，银行业一直发挥着主渠道作用，中国政府从给银行下达指令性计划到实施信贷规模管理，再到实施社会融资总额管理，基本都是经过银行业进行传导，通过信贷缩放影响社会融资，进而实现稳定币值的目标。因而，中国特有的国情决定了中国银行业宏观审慎监管在防范系统性风险的同时，需要兼顾支持实体经济发展、助推货币政策目标实现。

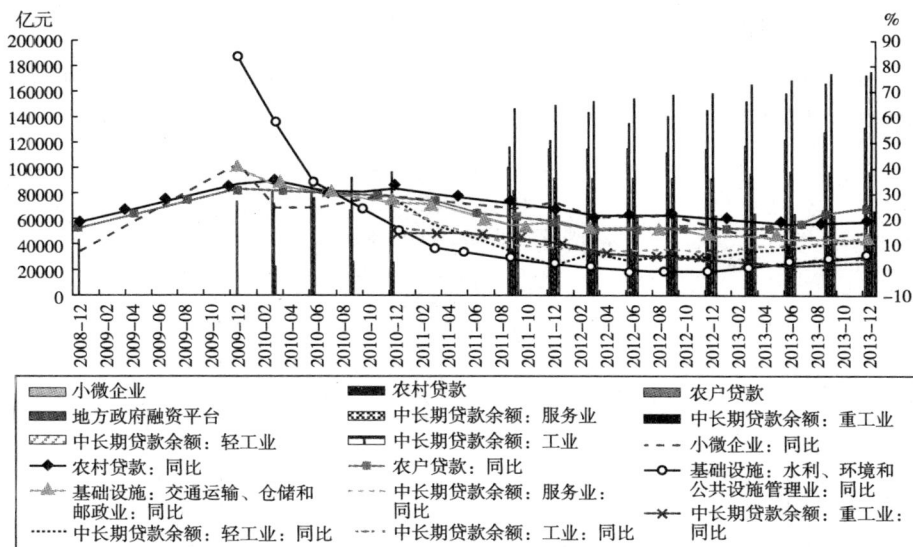

资料来源：Wind 资讯。

图2.4　中国银行业对实体经济贷款行业分布

通过以上分析可以看出，"三位一体"目标之间是相互联系的，是互为因果、相互依存、相互促进的良性发展关系。防范系统性风险、支持实体经济发展、助推货币政策目标实现分别体现了银行业宏观审慎监管的风险目标、经济目标和调控目标要求。银行业只有通过采取相应监管措施，防范系统性风险从而确保银行业健康发展，才能够支持实体经济的发展，进而促进助推货币政策目标实现。首先，银行业宏观审慎监管只有阻止系统性风险传导、蔓延，才能够保持实体经济健康发展，才能体现自身价值；实体经济发展了，信用风险小了，有利于防范银行业系统性风险，因而风险目标是经济目标的保障，经济目标是风险目标的目的。其次，通过银行业的稳健经营，推动实体经济健康发展，能够促进调控目标实现；调控目标实现了，能够为实体经济发展营造良好的环境和条件，因而经济目标是调控目标的基础，调控目标是经济目标的结果。最后，通过有效防范系统性风险，保持银行业和金融市场健康发展，能够推动调控目标的实现；调控目标实现了，能够为风险目标创造良好的环境，因而调控目标为风险目标营造环境，风险目标对调控目标起推动作用。由此分析可以看出，银行业宏观监管的风险目标、经济目标、调控目标三者之间是互为因果、相互依存、相互促进的良性发展关系，风险目标是要求，经济目标是根本，调控目标是途径。三者之间的这种内在统一性如图 2.5 所示。

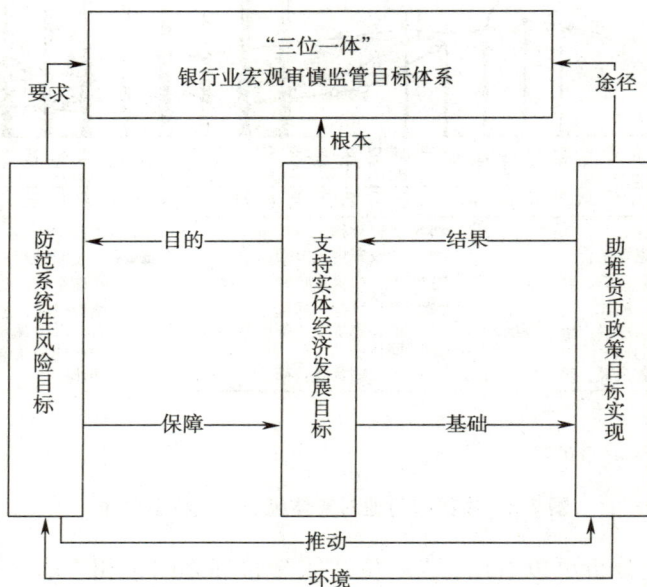

图 2.5　"三位一体"银行业宏观审慎监管目标体系

由于"三位一体"目标之间存在一致性、交融性、依存性，加上中国特殊的国情，"三位一体"目标体系是相互联系的内在有机统一体。因此，确立银行业宏观审慎监管的目标，不仅要注重防范系统性风险，而且要注重服务实体经济和助推货币政策目标实现。防范系统性风险只是一个基本目标，通过防范系统性风险推动实体经济发展，进而确保助推货币政策目标实现，促进国民经济健康发展，才是宏观审慎监管的根本目标。因此，本书述及的银行业宏观审慎监管既不是只负责系统性风险监管狭义的宏观审慎监管，也不替代微观审慎监管，而是着眼于宏观层面有选择地进行组合监管，从而实现整体性金融安全和稳健发展的目标。因此，在涵盖范围上会大于现行的货币政策和机构监管，在监管主体上超越现行分业监管部门的职责，需要部门之间密切协作才能完成。

2.5 银行业系统性风险计量与"三位一体"目标体系矛盾性处理

按照辩证唯物主义原理，任何相关联的事物之间都存在对立统一的关系。由于金融体系的复杂性，尽管"三位一体"目标体系总体上是相互依存并且是统一的，但同时还存在独立性、矛盾性和排斥性，需要妥善处理。

2.5.1 "三位一体"的宏观审慎监管目标体系的矛盾性

根据以上分析，"三位一体"目标体系之间存在一致性、交融性和依存性，是保证银行业生存发展、发挥作用、体现价值而进行的有效的、内在统一的监管。从主要方面和正常情况看，三者之间的正向统一性是主要的，例如防范风险目标不能实现，金融的动荡必然影响经济目标和调控目标的实现，美国次贷危机已经证实了这个关系；经济目标实现得好，有坚实的经济基础，风险自然就小，也有助于调控目标的实现；而调控目标的实现，为防范系统性风险提供了良好的金融环境，也为实现经济目标创造了良好的货币环境。可见，只强调其中一至两个目标的做法都不是一个完整的银行业宏观审慎监管体系，一个完整的银行业宏观审慎监管应是三者的有机统一体，在监管过程中应强调三者的统一性。

然而，由于金融体系的复杂性，"三位一体"目标之间也存在着独立性和互斥性，甚至有时还存在冲突或矛盾，监管当局往往很难同时兼顾这三个目标。比如，支持实体经济发展与防范系统性风险就存在矛盾，因为防范系统性风险往往要求控制有利于促进实体经济发展的高风险业务。相反，如果强调风险目标，则要求提高银行资产质量和风险识别能力，提高监管条件，可能会影响经济目标的实现，往往无法在防范系统性风险的同时，支持实体经济发展。2008 年金融危机发生后，为了防范系统性风险，金融稳定理事会（FSB）、巴塞尔银行委员会（BCBS）制定了更为严格的银行业监管标准，给世界经济复苏进程带来了一定影响。对于中国而言，银行业资产占金融资产比重较高、实体经济发展严重依赖于银行间接融资，片面强调防范银行业系统性风险，提高资本充足率等监管要求，可能对实体经济发展和助推货币政策目标实现造成更大的负面影响。

2.5.2　处理"三位一体"的宏观审慎监管目标体系矛盾性的原则

由于"三位一体"目标体系存在着独立性与交融性、统一性与矛盾性、依存性与互斥性关系，在银行业宏观审慎监管目标实施过程中需要加以注意，采取相应监管措施，努力实现目标的均衡。但从这些关系的处理来说，一致性、交融性、依存性之间高度相关、方向相同，处理起来比较容易。比较重要且处理起来有一定难度的是"三位一体"目标之间矛盾性关系。因此，本书认为，对于宏观审慎监管目标矛盾性的处理，重点是在风险目标和经济目标之间、风险目标和调控目标之间寻求平衡。处理银行业宏观审慎监管"三位一体"目标体系内在矛盾的基本原则是：

第一，主次抉择。在银行业宏观审慎监管三位一体目标体系当中，风险目标是首要目标，因此应优先考虑风险目标的实现，着力处理主要矛盾。

第二，顺序抉择。在风险目标不突出的情况下，根据风险目标、经济目标、调控目标在经济运行中的重要性，按顺序进行处理，主要矛盾为先，次要矛盾在后。

第三，统筹兼顾。在处理上述两种矛盾情形当中，既要着力解决主要矛盾，又要考虑其他两个次要矛盾，统筹协调。

具体问题处理，可按照上述原则区分不同情况进行处理，我们可以假设以下几种情景。

情景一：假设国民经济正常运行，宏观审慎监管需要先考虑防范系统性风险目标，其次再考虑助推货币政策目标实现和支持实体经济发展，主要是系统性风险冲击、影响更大。2008 年国际金融爆发后，美国为了防止金融系统性风险蔓延，改善银行流动性，通过发放再贷款、注资、购买央行流动性互换协议等方式, 向银行业注入大量的短期流动性, 财政部于 2008 年使用 1 250 亿美元收购美国花旗银行、摩根大通、高盛、摩根士丹利等 9 家系统重要性金融机构的股份。在银行业系统性风险得到缓解后, 才开始考虑支持实体经济发展和货币币值稳定的目标, 先后实施了四轮的量化宽松货币政策。

情景二: 假设防范系统性风险矛盾不突出, 三个目标矛盾的处理需根据其在经济运行中所处地位的顺序抉择。假设助推货币政策目标实现成为制约国民经济发展的主要矛盾时, "三位一体"的监管目标就要将稳定币值作为主要矛盾予以解决, 其他的监管目标可放在次要地位。比如, 在 1994 年中国通货膨胀率高达 21.4% 时, 中国政府集中精力处理通货膨胀问题, 收紧银根, 提高信贷利率, 实施逆周期货币政策, 降低实体经济增长目标, 对可能因银根收紧导致的银行业信用风险采取一定的容忍度, 有力地促进了通货膨胀的治理。

情景三: 在处理任何一个主要矛盾的过程中, 都要兼顾好其他两个矛盾, 避免在解决主要矛盾的同时, 次要矛盾转化成主要矛盾, 反过来制约主要矛盾的解决。例如, 2008 年危机爆发后, 防范系统性风险成为美国宏观审慎监管的主要矛盾, 但当防范风险与发展实体经济、解决就业等目标发生冲突时, 美国政府决定推迟执行《巴塞尔协议Ⅲ》, 承诺从 2014 年 1 月才开始执行, 反而连续推出多轮量化货币政策, 以支持实体经济发展, 降低失业率, 扩大出口和投资。

通过以上分析可以看出, 尽管不同时期银行业宏观审慎监管目标主次存在矛盾, 但通过主次抉择、顺序抉择、统筹兼顾, 是可以实现"三位一体"目标的均衡的, 能够较好地实现该目标。由于现有的监管部门的职责具有一定的局限性, 难以实现"三位一体"的监管目标, 所以需要对现行监管主体进行改革。

2.5.3 利用综合指数法计量银行业系统性风险

由于"三位一体"目标体系存在矛盾性, 为了更好地实现"三位一体"目标, 需要关注"三位一体"目标之间的内在统一性, 在互相矛盾的目标中更应着力强化其内在统一性, 努力在"三位一体"目标中寻求平衡。本节利用综合指数法计量的结果作为依据，判断银行业宏观审慎监管目标在发生矛盾和互斥情况下，根据宏观经济所处的系统性风险状况的不同，利用系统性风险的计量结果作为监管当局处理防范系统性风险、支持实体经济发展、助推货币政策目标实现主次矛盾的抉择依据，从而更好地实现"三位一体"目标。

（一）系统性风险计量模型综述

迄今为止，理论界和政策制定部门还没有形成一个统一的系统性风险测量模型，主要是各国国情不同，系统性风险来源、变化和发展趋势也不尽相同。目前研究测量系统性风险主要有以下几种。

1. 综合指数法。将银行各个分系统的外部压力整合成一个指数，以体现整个银行体系系统性风险状况的测量方法，该方法把金融体系划分为由非银行和银行部门、外汇市场、股票市场、债券市场等组成，把各组成部分的风险用标准化的指标进行加权平均，构建金融综合压力指数。Illing 和 Liu（2003）建立了金融压力指数并最终构建了金融系统性风险预警指标体系，此后这一体系得到广泛运用，Hakkio 和 Keeton（2009）利用相关变量建立了堪萨斯州金融压力指数，Hanschelt 和 Monin（2009）采用金融市场、资产负债等数据构建了瑞士银行压力指数。该方法主要是选取好金融体系与危机相关的指标，并对指标进行加权。经过多年发展，主要形成了主观赋权法（AHP）、客观赋权法（熵值法）、组合赋权法等三种确定权重的方法。

2. 在险价值（VAR）法。VAR 法主要是在一定的置信水平情况下，测量金融机构在一定时间区间内可能发生的最大潜在损失。该方法是由 Duffie（1997）、Berkowitz（1999）、Simons（2000）等人在 J. P Morgan 1994 年 Risk Metrics 模型基础上发展起来的，后来一些学者加入相应的变量，使该模型得到不断丰富和发展，被广泛用于股票和债券市场的市场风险计量。针对 VAR 模型在尾部风险估计、正态分布等方面存在的缺陷，理论界和实业界对其进行了改良，将风险溢出效应纳入其分析框架，建立了 CoVaR 模型。CoVaR 模型能够识别单个机构对系统性风险的影响，便于较好地识别系统性风险情况。

3. 或有资产负债分析（CCA，Contingent Claims Analysis）方法。主要为 Merton 和 Gray 等人在或有资产分析基础上，提出的处理信用风险，以及金融部门之间和金融部门与其他部门相互关系的宏观金融稳定的分析框架。Merton

（1974，1977）在 Black 和 Scholes 的期权定价模型中加入预期收益、价格风险等变量，扩大了该模型的内涵，使该模型能够用于分析其他类型的金融资产，并提出企业融资行为产生的资产和负债实际上就是或有资产，并据此形成或有资产负债分析法。Jonest 等（1983，1984）选取公司债券测算了 CCA 价格预测能力。Heath、Jarrow、Morton（1992）在此基础上提出了随机利率期限结构项下或有资产定价理论，后经 KMV 公司研究，使 CCA 用于对企业违约风险的分析和预测，并进一步扩大到跨行业的风险转移和国家信用风险等研究。CCA 方法主要是将资产负债表分析方法和 CCA 方法结合起来，研判风险在宏观经济部门间的分担和转移情况，该方法优点是能够分辨出相关风险因素对整个风险暴露的重要程度，但受到市场交易数据可获得性的制约。

4. 宏观压力测试方法。该方法主要是一种用来测评整个金融体系在受到极端重大的冲击时的银行业的承受能力。主要通过定义压力情景，选择宏观经济变量值，建立宏观经济因素与压力的传导关系，测量金融体系受到外部冲击的承受能力。其测试方法按照不同方法具有不同的分类，具体有敏感性分析、情景测试，分段法和综合法，自上而下、自下而上法等。宏观压力测试 1999 年成为国际货币基金组织和世界银行在金融部门评估规划中用于评价金融体系稳定性的工具，美国等国分别运用压力测试结果对银行业实施相应的监管措施。目前主要方法有线性自回归模型、向量误差修正模型（VECM）、Logit 和 Merton 模型。

5. 广义信贷/GDP。巴塞尔委员会在对近 30 个国家（地区）在 1970 年至 2009 年近 40 年的 3 类 10 项指标数据（即 GDP 增长、广义信贷/GDP、广义信贷增长、房地产价格等）进行实证分析基础上，得出广义信贷/GDP 用于判定系统性风险积累和信贷增长效果最优的结论。巴塞尔委员会于 2010 年 12 月发布《各国实施逆周期监管指导原则》，提出逆周期资本监管的框架和主要原则，要求各成员国按照《巴塞尔协议Ⅲ》和《逆周期资本指导原则》，对本国广义信贷增长、GDP 增长、股票价格、银行业利润、信贷利差、广义信贷/GDP 等近 10 项指标进行分析，用于判断本国金融业系统性风险情况和是否需要计提逆周期资本。该方法的实践依据是，金融危机大多经历一段信贷高速增长，并且对银行业稳定带来不利影响，美国和一些发展中国家广义信贷/GDP 的情况与此正好吻合。目前，IMF、BIS 等国际组织和英国、比利时、加拿大等国已使用该方法来研判相关国家和本国系统性风险情况。

以上各种方法分别针对不同的场景和条件，因而适用范围、条件和对象不尽相同，在判断测量系统性风险时各有所长和不足之处，因而不能够照搬照抄，应根据风险计量目的的不同，区别使用。其中，综合指数法可操作性较强，能够较为直观地反映系统性风险，但在权重取得过程中存在主观判断行为；VAR 模型、CoVaR 模型主要用于股票市场的时间序列模型，对于中国银行业上市时间短、上市数量少来说应慎重使用；广义信贷/GDP 主要是用来测量根据银行业系统性风险变化情况，是否需要计量逆周期风险资本；CCA 方法将资产、权益和风险债务结合在一起考虑，评估风险在单个机构、政府部门传染，及对系统性风险的贡献，以此作为制定政策的依据，但该模型数据要求银行必须是上市公司；宏观压力测试是一种前瞻性的测量方法，对于测量小概率事件对金融稳定的冲击效果比较明显。

（二）相关指标影响中国银行业系统性风险机理

以上 5 种系统性风险模型是建立在有关专家学者和政策制定、执行部门实证研究基础上，并且是被实践检验的，因而是可行的。其主要是利用银行业资产负债、广义信贷增长、GDP 增长、股票价格、银行业利润、信贷利差、预期收益、现金流、价格风险等对银行业产生市场风险、信用风险、流动性风险等影响，进而形成系统性风险进行测量。因而可以借助这些方法，利用与其密切相关的宏观经济、金融市场、经济金融比率、金融机构对银行业的外部冲击来构建银行业系统性风险模型。

（三）用综合指数法计量中国银行业系统性风险

由于中国实行社会主义市场经济时间不长，中国市场与创建模型的西方国家相比有很大差别，并且中国银行业上市公司较少、上市时间较短，到目前为止没有发生过金融危机，从数据可获得性和实际情况出发，本书选择了综合指数法，选取对银行业产生系统性风险影响的宏观经济、金融市场、经济金融比率、金融机构指标及其二级指标，采用其 2005 年至 2013 年的季度值，利用层次分析法（AHP）计算主观权重，利用熵值法计算客观权重，以二者加权平均来计量中国银行业受到外部冲击时产生系统性风险状况。

1. 利用 AHP 法确定影响银行业系统性风险的主观权重。

首先，建立指标体系的系统层次结构，具体见表 2.3。

表 2.3   **指标体系的系统层次结构**

一级指标	二级指标
宏观经济	就业率
	CPI
	GDP 增速
	出口增长率
金融市场	利率变化
	人民币汇率
	股市综合指数变化
金融机构	资本充足率
	流动性比率
	存贷比
	拨备率
经济金融比率	赤字率
	M_2/GDP
	房地产企业杠杆率

其次，通过对同级次元素的重要性进行比较，建立判断矩阵。

$$A = \begin{bmatrix} 1 & \dfrac{w_1}{w_2} & \cdots & \dfrac{w_1}{w_n} \\ \dfrac{w_2}{w_1} & 1 & \cdots & \dfrac{w_2}{w_n} \\ \vdots & \vdots & \vdots & \vdots \\ \dfrac{w_n}{w_1} & \dfrac{w_n}{w_2} & \cdots & 1 \end{bmatrix}$$

其中，向量 $w = (w_1, w_2, \cdots, w_n)^T$ 是 n 阶判断矩阵的排序权重向量，w_i 为各指标的重要性分值，各元素的重要性打分标准如表2.4所示。

再次，对权重向量和组合权重进行一致性检验。

将 $CR = \dfrac{CI}{RI}$ 确定为矩阵一致性检验判断标准，其中 $CI = \dfrac{\lambda_{\max} - n}{n-1}$，$RI$ 是平均随机一致性指标，当 $n = 1$ 至 14 时，RI 分别为 0，0，0.58，0.90，1.12，1.24，1.32，1.41，1.45，1.49，1.51，1.53，1.55，1.58，当 $CR \leqslant 0.1$ 时，则矩阵具有满意的一致性，否则则不是满意的一致性。

表 2.4　　　　　　　　　　　　　　指标体系重要性打分标准

量化值	含义
1	两个指标相比，前者与后者重要性相同
3	两个指标相比，前者比后者稍重要
5	两个指标相比，前者比后者重要
7	两个指标相比，前者比后者更重要
9	两个指标相比，前者比后者极为重要
2、4、6、8	表示两个邻近指标判断的中间值

组合权重的一致性检验标准是：$CR = \dfrac{\sum_{j=1}^{m} a_j CI_j}{\sum_{j=1}^{m} a_j RI_j}$，$CI_j$、$RI_j$ 分别是 B 层级指标的相关因素对 A_j 的一致性指标和平均随机一致性指标。

最后，通过向 40 位对宏观经济和金融具有一定研究的学者和工作人员进行问卷调查，去掉其中无效问卷 6 份，对他们提供的结果利用相关公式计算其平均权重并作一致性检验。最后结果见表 2.5。

表 2.5　　　　　　　　　　　　　银行业风险计量指标体系权重

代码	一级指标	权重（%）	二级指标	权重（%）	组合权重（%）	方向
Y1	X1 宏观经济	35.29	GDP 增速	42.13	14.87	负向
Y2			CPI	25.72	9.08	正向
Y3			就业率	14.65	5.17	负向
Y4			出口增长率	17.50	6.18	负向
Y5	X2 金融市场	21.45	利率变化	31.33	6.72	正向
Y6			人民币汇率	19.38	4.16	负向
Y7			股市综合指数变化	49.29	10.57	负向
Y8	X3 金融机构	32.15	资本充足率	52.11	16.75	负向
Y9			流动性比率	31.37	10.09	负向
Y10			存贷比	7.09	2.28	正向
Y11			拨备率	9.43	3.03	负向
Y12	X4 经济金融比率	11.11	赤字率	11.12	1.24	正向
Y13			M_2/GDP	41.54	4.62	正向
Y14			房地产企业杠杆率	47.34	5.26	正向

2. 利用熵值法计算指标体系的客观权重。

第一步：对原始数据矩阵标准化处理。假定 k 个评价指标、n 个评价对象，这样原始数据矩阵如下：

$$X = (X_{ij}) = \begin{pmatrix} x_{11} & x_{12} & \cdots & x_{1k} \\ x_{21} & x_{22} & \cdots & x_{2k} \\ \vdots & \vdots & \vdots & \vdots \\ x_{n1} & x_{n2} & \cdots & x_{nk} \end{pmatrix}$$

因各指标的量纲与数量级不同，所以需标准化处理来消除因量纲不同可能对结果的影响。假设标准化后得到矩阵 $R = (r_{ij})$，其中 r_{ij} 是第 i 个评价对象在第 j 个评价指标上的标准值，$r_{ij} \in [0, 1]$。对于正向指标，标准化公式为

$$r_{ij} = \frac{x_{ij} - \min_i\{x_{ij}\}}{\max_i\{x_{ij}\} - \min_i\{x_{ij}\}}$$

对于负向指标，标准化公式为

$$r_{ij} = \frac{\max_i\{x_{ij}\} - x_{ij}}{\max_i\{x_{ij}\} - \min_i\{x_{ij}\}}$$

第二步：得到各指标的熵（H_j）。具体计算如下：

$$H_j = -\frac{1}{\ln n} \sum_{i=1}^{n} f_{ij} \ln f_{ij}, \quad j = 1, 2, 3, \cdots, k_o$$

式中，$f_{ij} = \dfrac{r_{ij}}{\sum\limits_{i=1}^{n} r_{ij}}$，当 $f_{ij} = 0$ 时，令 $f_{ij} \ln f_{ij} = 0$。

第三步：计算熵权。第 j 个指标的熵权定义为 w_j，计算公式为

$$w_j = \frac{1 - H_j}{k - \sum\limits_{j=1}^{k} H_j}, \quad 式中 0 \le w_j \le 1, \quad \sum_{j=1}^{k} H_j w_j = 1_o$$

在计算客观权重前，考虑到其中一些指标受季节因素影响较大，需要对各数据利用季节调整 X－11 法进行剔除，相关计算均采用 Eviews3.0 软件。最后发现宏观经济、金融市场、经济金融比率、金融机构等一级指标中包括的 CPI、GDP、一年期贷款基准利率、出口增长率受季节性因素影响波动较大。

季节调整图如图 2.6—图 2.9 所示，以 CPI 为例，CPI 为原始数据，CPISA 为季节调整（X–11, additive）后的趋势项，CPICY 为季节调整后的周期项；后面均采用 CPISA 替代 CPI 参与运算。

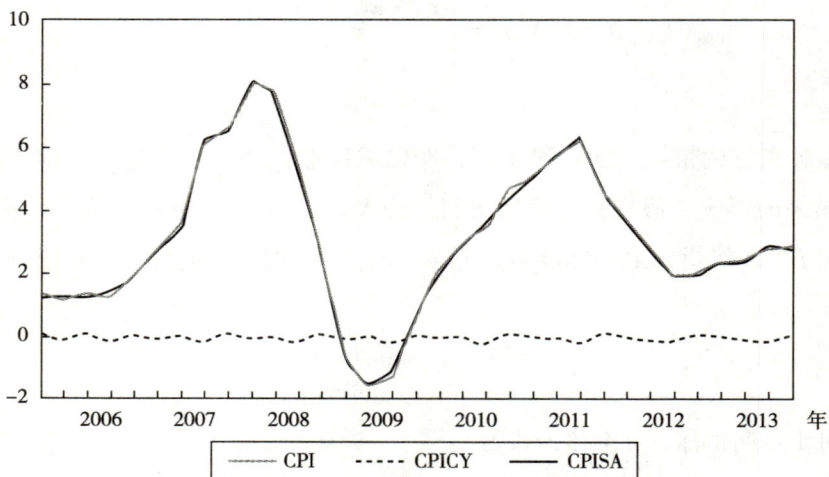

图 2.6 物价指数（CPI）

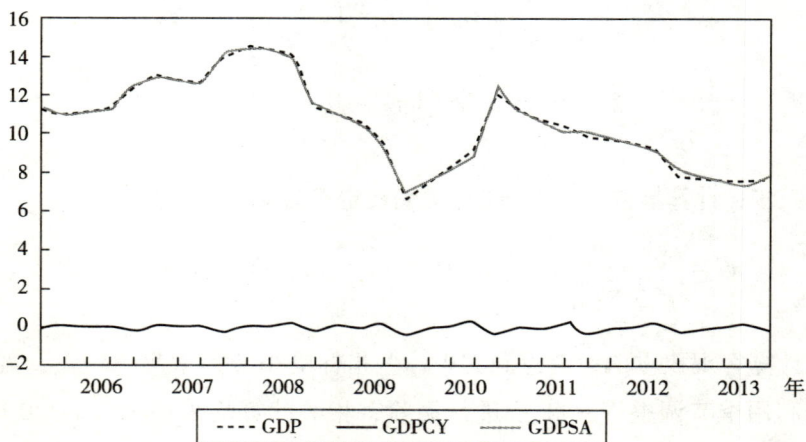

图 2.7 国内生产总值（GDP）

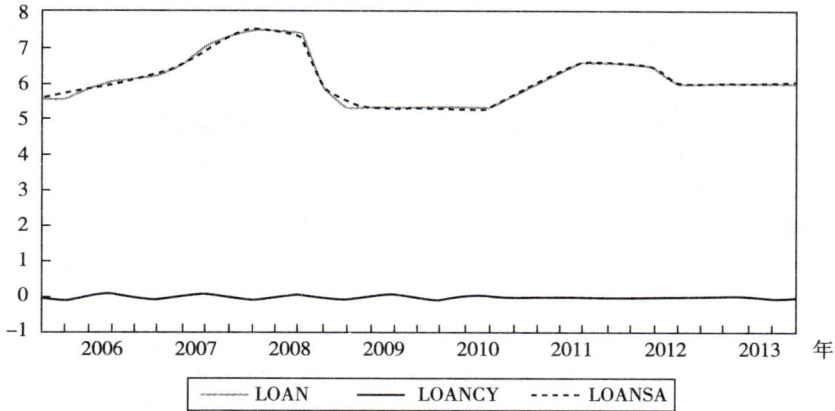

图2.8 一年期贷款基准利率（Loan）

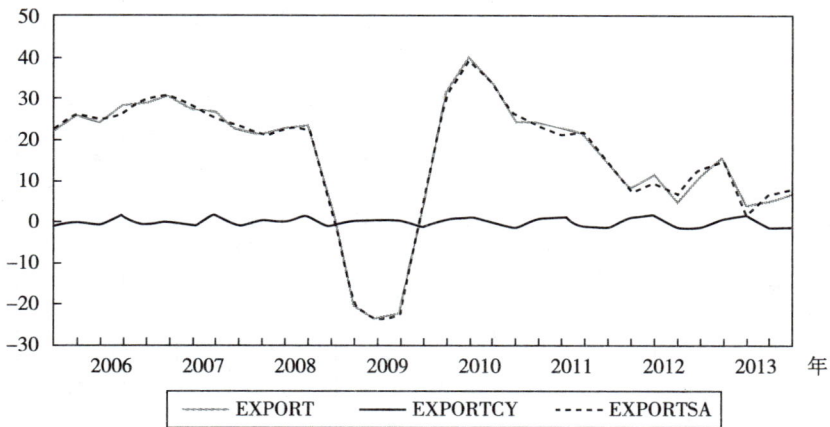

图2.9 出口增长率（Export）

季节调整后的数据见表2.6，其中缺失数据采用平均加权法进行插值补足。

表2.6　季节调整后的数据　　　　　　　　　　　　　　　单位：%

时间	商业银行资本充足率	拨备覆盖率	贷存比	流动性比例	M₂/GDP	城镇就业率	出口增长率	房地产企业杠杆率	CPI(同比)	GDP(同比)	一年期贷款基准利率	政府赤字率	人民币兑美元汇率	股指增长率:上证综指	股指增长率:深证成指	股指增长率:沪深300
2005-03						95.8			2.83	11.20	5.58		8.28	-5.84	-0.63	-5.45
2005-06						95.8			1.73	11.00	5.58		8.28	-9.98	-6.71	-8.91
2005-09						95.8			1.33	11.10	5.58		8.14	0.03	-2.64	0.03
2005-12		24.80			1.62	95.8		27.25	1.37	11.30	5.58		8.08	-0.85	-6.07	-2.20
2006-03					1.44	95.8			1.20	12.40	5.58		8.05	13.31	19.43	14.70
2006-06					1.49	95.8			1.37	13.10	5.85		8.01	20.84	23.50	23.96
2006-09					1.53	95.9			1.27	12.80	6.03		7.97	8.72	1.98	5.72
2006-12		34.30			1.60	95.9		25.93	2.03	12.70	6.12		7.86	22.16	27.49	22.16
2007-03					1.37	95.9			2.73	14.00	6.21		7.76	41.86	51.72	52.86
2007-06					1.42	95.9			3.60	14.50	6.51		7.67	34.15	47.84	46.42
2007-09					1.48	96			6.10	14.40	7.05		7.56	22.15	35.61	29.20
2007-12		39.20			1.52	96		25.57	6.63	14.20	7.35		7.43	13.62	9.43	10.59
2008-03					1.35	96			8.03	11.30	7.47		7.16	-16.49	-8.22	-9.09

续表

时间	商业银行资本充足率	拨备覆盖率	贷存比	流动性比例	M_2/GDP	城镇就业率	出口增长率	房地产企业杠杆率	CPI（同比）	GDP（同比）	一年期贷款基准利率	政府赤字率	人民币兑美元汇率	股指增长率：上证综指	股指增长率：深证成指	股指增长率：沪深300
2008-06					1.41	96			7.77	11.00	7.47		6.96	-26.02	-25.83	-26.07
2008-09					1.44	96			5.27	10.60	7.38		6.84	-24.38	-28.51	-28.06
2008-12		117.90		46.20	1.51	95.8		27.65	2.53	9.60	5.85		6.83	-23.37	-22.42	-25.37
2009-03	11.30	123.90		41.80	1.56	95.7			-0.60	6.60	5.31		6.84	11.54	19.11	17.45
2009-06	11.10	134.30		42.90	1.67	95.7			-1.53	7.50	5.31		6.83	23.19	29.42	26.54
2009-09	11.40	144.10		41.70	1.72	95.7	-22.17		-1.27	8.20	5.31		6.83	15.89	21.37	18.63
2009-12	11.40	155.40		43.20	1.79	95.7	2.23	26.53	0.67	9.20	5.31	2.79	6.83	3.23	6.34	4.30
2010-03	11.10	170.20		41.10	1.62	95.8	31.33		2.20	12.10	5.31		6.83	-2.64	-4.77	-4.41
2010-06	11.10	186.00		42.40	1.68	95.8	40.43		2.93	11.20	5.31		6.82	-10.24	-13.23	-10.77
2010-09	11.60	203.00		42.10	1.73	95.9	33.77		3.47	10.70	5.31		6.77	-6.22	-0.55	-4.36
2010-12	12.20	217.70	64.50	42.20	1.81	95.9	24.43	25.47	4.70	10.40	5.64	2.62	6.66	12.72	18.41	15.41
2011-03	11.80	230.20	64.10	41.30	1.60	95.9	24.07		5.08	9.80	5.98		6.58	-1.88	-2.25	-2.77
2011-06	12.20	248.90	64.00	42.00	1.65	95.9	22.70		5.74	9.70	6.31		6.50	-0.85	-3.04	-1.86

续表

时间	商业银行资本充足率	拨备覆盖率	贷存比	流动性比例	M₂/GDP	城镇就业率	出口增长率	房地产企业杠杆率	CPI(同比)	GDP(同比)	一年期贷款基准利率	政府赤字率	人民币兑美元汇率	股指增长率:上证综指	股指增长率:深证成指	股指增长率:沪深300
2011-09	12.30	270.70	65.30	42.80	1.66	95.9	21.00		6.22	9.50	6.56		6.42	-8.13	-4.79	-7.38
2011-12	12.70	278.10	64.90	43.20	1.80	95.9	13.40	24.58	4.60	9.30	6.56	1.90	6.34	-9.30	-14.43	-11.12
2012-03	12.74	287.40	64.53	45.66	1.72	95.9	8.03		3.77	7.90	6.56		6.31	-0.96	-2.12	-1.26
2012-06	12.91	290.18	64.33	46.69	1.78	95.9	11.63		2.87	7.70	6.48		6.31	0.03	3.32	2.12
2012-09	13.03	289.97	65.28	45.23	1.82	95.9	4.90		1.90	7.60	6.00		6.33	-9.57	-10.56	-9.89
2012-12	13.25	295.51	65.31	45.83	1.88	95.9	11.17	24.80	2.07	7.70	6.00	1.54	6.30	-1.48	-5.54	-2.20
2013-03	12.28	291.95	64.68	45.36	1.82	95.9	15.50		2.43	7.70	6.00		6.28	11.32	11.36	14.65
2013-06	12.24	292.50	65.17	43.68	1.85	95.9	3.97		2.40	7.60	6.00		6.21	-5.15	-6.01	-5.00
2013-09	12.18	287.03	65.63	42.80	1.89	95.96	5.07		2.80	7.70	6.00		6.17	-5.41	-7.45	-6.67
2013-12	12.19	282.70	66.08	44.03	1.95	95.95	6.67		2.90	7.70	6.00	2.11	6.13	4.05	2.74	3.21

资料来源：Wind 资讯。

注：CPI，出口增长率，一年期贷款基准利率和人民币兑美元汇率的季度值为该季度内各月值的算术平均值；上证综指、深证综指和沪深300的季度指数为该季度内各季度值的算术平均值；房地产企业杠杆率＝房地产企业所有者权益/房地产企业资产总额；政府赤字率＝政府每年的财政预测赤字/GDP；城镇就业率＝100%－城镇登记失业率。

第四步：利用熵值法计算公式和季节调整后的数据，得到熵值法计算的客观权重如表2.7所示。

表 2.7 各指标的客观权重

代码	一级指标	二级指标	熵值法计算的客观权重	方向
Y1		GDP 增速	29.29%	负向
Y2	X1 宏观经济	CPI	10.14%	正向
Y3		就业率	14.12%	负向
Y4		出口增长率	7.38%	负向
Y5		利率变化	9.14%	正向
Y6	X2 金融市场	人民币汇率	4.61%	负向
Y7		股市综合指数变化	1.92%	负向
Y8		资本充足率	2.11%	负向
Y9	X3 金融机构	流动性比率	6.07%	负向
Y10		存贷比	2.64%	正向
Y11		拨备率	4.82%	负向
Y12		赤字率	2.40%	正向
Y13	X4 经济金融比率	M_2/GDP	1.11%	正向
Y14		房地产企业杠杆率	4.24%	正向

3. 将 AHP 法计算的主观权重和熵值法计算的客观权重进行加权，得到各指标的整体权重。计算方法为

$$\omega_3 = \alpha\omega_1 + (1 - \alpha)\omega_2$$

其中，α 为主观权重；$1 - \alpha$ 为客观权重。α 取不同值时得到的结果见表2.8。

4. 计算宏观经济、金融市场、经济金融比率、金融机构及银行业的系统性风险指数，利用综合指数权重计算综合指数。系统性风险指数 $BSR_j = \hat{x}_i\omega_3$，得到结果见表2.9。

表2.8 综合指数法组合权重（%）

代码	一级指标	二级指标	组合权重（α取值）										
			0	0.1	0.2	0.3	0.4	0.5	0.6	0.7	0.8	0.9	1.0
Y1	X1 宏观经济	GDP增速	29.29	27.85	26.41	24.97	23.52	22.08	20.64	19.20	17.75	16.31	14.87
Y2		CPI	10.14	10.03	9.93	9.82	9.71	9.61	9.50	9.40	9.29	9.19	9.08
Y3		就业率	14.12	13.23	12.33	11.44	10.54	9.65	8.75	7.86	6.96	6.07	5.17
Y4		出口增长率	7.38	7.26	7.14	7.02	6.90	6.78	6.66	6.54	6.42	6.30	6.18
Y5	X2 金融市场	利率变化	9.14	8.90	8.66	8.42	8.17	7.93	7.69	7.45	7.20	6.96	6.72
Y6		人民币汇率	4.61	4.57	4.52	4.48	4.43	4.39	4.34	4.30	4.25	4.21	4.16
Y7		股市综合指数	1.92	2.79	3.65	4.52	5.38	6.25	7.11	7.98	8.84	9.71	10.57
Y8	X3 金融机构	资本充足率	2.11	3.58	5.04	6.50	7.97	9.43	10.90	12.36	13.82	15.29	16.75
Y9		流动性比率	6.07	6.47	6.87	7.28	7.68	8.08	8.48	8.88	9.29	9.69	10.09
Y10		存贷比	2.64	2.60	2.57	2.53	2.50	2.46	2.42	2.39	2.35	2.32	2.28
Y11		拨备率	4.82	4.64	4.46	4.28	4.11	3.93	3.75	3.57	3.39	3.21	3.03
Y12	X4 经济金融比率	赤字率	2.40	2.28	2.17	2.05	1.94	1.82	1.70	1.59	1.47	1.36	1.24
Y13		M2/GDP	1.11	1.46	1.81	2.16	2.51	2.86	3.21	3.57	3.92	4.27	4.62
Y14		房地产企业杠杆	4.24	4.34	4.44	4.54	4.65	4.75	4.85	4.95	5.06	5.16	5.26

表 2.9 银行业系统性风险指数（%）

时间	α 取值										
	0	0.1	0.2	0.3	0.4	0.5	0.6	0.7	0.8	0.9	1
2005－12	0.38	0.38	0.38	0.39	0.39	0.40	0.40	0.41	0.41	0.41	0.42
2006－03	0.36	0.37	0.38	0.38	0.39	0.40	0.41	0.41	0.42	0.43	0.43
2006－06	0.37	0.37	0.38	0.39	0.40	0.40	0.41	0.42	0.42	0.43	0.44
2006－09	0.32	0.33	0.34	0.36	0.37	0.38	0.39	0.40	0.41	0.42	0.43
2006－12	0.30	0.31	0.32	0.33	0.35	0.36	0.37	0.38	0.39	0.41	0.42
2007－03	0.29	0.30	0.31	0.33	0.34	0.35	0.36	0.37	0.38	0.39	0.40
2007－06	0.32	0.33	0.34	0.35	0.36	0.37	0.38	0.39	0.41	0.42	0.43
2007－09	0.33	0.34	0.35	0.37	0.38	0.39	0.41	0.42	0.43	0.45	0.46
2007－12	0.31	0.33	0.34	0.36	0.37	0.39	0.40	0.42	0.43	0.45	0.46
2008－03	0.34	0.35	0.37	0.38	0.39	0.41	0.42	0.43	0.45	0.46	0.48
2008－06	0.34	0.35	0.37	0.38	0.40	0.41	0.43	0.44	0.46	0.47	0.49
2008－09	0.32	0.34	0.35	0.37	0.38	0.40	0.41	0.43	0.44	0.46	0.47
2008－12	0.40	0.41	0.42	0.43	0.44	0.44	0.45	0.46	0.47	0.48	0.49
2009－03	0.42	0.43	0.44	0.45	0.46	0.47	0.48	0.49	0.50	0.51	0.52
2009－06	0.41	0.42	0.43	0.44	0.45	0.46	0.47	0.48	0.49	0.50	0.51
2009－09	0.48	0.48	0.49	0.49	0.50	0.51	0.51	0.52	0.53	0.53	0.54
2009－12	0.67	0.67	0.66	0.66	0.66	0.66	0.66	0.66	0.65	0.65	0.65
2010－03	0.57	0.58	0.58	0.58	0.59	0.59	0.60	0.60	0.61	0.61	0.62
2010－06	0.52	0.52	0.53	0.54	0.54	0.55	0.55	0.56	0.57	0.57	0.58
2010－09	0.43	0.44	0.45	0.45	0.46	0.47	0.47	0.48	0.49	0.49	0.50
2010－12	0.33	0.34	0.35	0.36	0.37	0.38	0.39	0.40	0.41	0.42	0.43
2011－03	0.37	0.37	0.38	0.39	0.40	0.41	0.42	0.43	0.44	0.44	0.45
2011－06	0.39	0.39	0.39	0.40	0.40	0.40	0.41	0.41	0.41	0.41	0.42
2011－09	0.44	0.44	0.45	0.45	0.45	0.45	0.46	0.46	0.46	0.47	0.47
2011－12	0.41	0.41	0.41	0.42	0.42	0.42	0.42	0.42	0.42	0.42	0.42
2012－03	0.39	0.38	0.38	0.37	0.36	0.36	0.35	0.35	0.34	0.34	0.33
2012－06	0.39	0.39	0.39	0.39	0.39	0.39	0.39	0.39	0.39	0.39	0.39
2012－09	0.40	0.40	0.39	0.39	0.39	0.38	0.38	0.37	0.37	0.37	0.36
2012－12	0.43	0.42	0.41	0.40	0.39	0.38	0.37	0.35	0.34	0.33	0.32
2013－03	0.48	0.48	0.48	0.48	0.48	0.48	0.48	0.48	0.48	0.47	0.47
2013－06	0.57	0.57	0.56	0.56	0.56	0.55	0.55	0.55	0.54	0.54	0.54

时间	α 取值										
	0	0.1	0.2	0.3	0.4	0.5	0.6	0.7	0.8	0.9	1
2013－09	0.53	0.53	0.53	0.53	0.53	0.53	0.53	0.53	0.53	0.53	0.52
2013－12	0.50	0.50	0.51	0.51	0.51	0.51	0.52	0.52	0.52	0.52	0.53

当 $\alpha = 0.5$ 时，各指标增长指数如图 2.10—图 2.13 所示。α 越大主观权重越高，α 越小客观权重越高，$\alpha = 0$ 时为客观权重，$\alpha = 1$ 时为主观权重。为了客观起见，选择 $\alpha = 0.5$ 时进行计量。

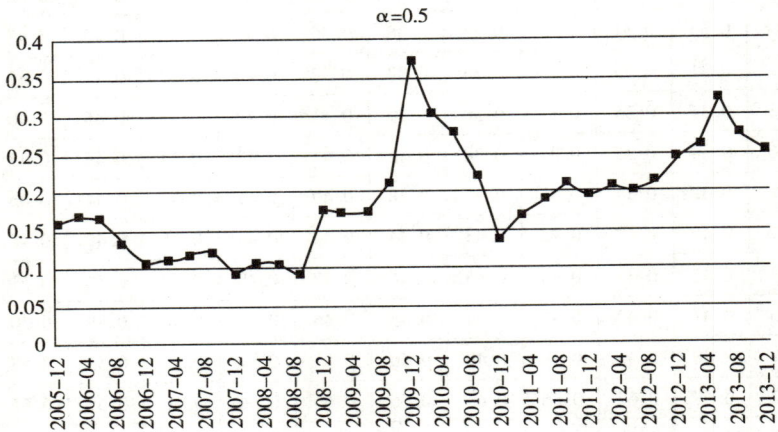

图 2.10　宏观经济

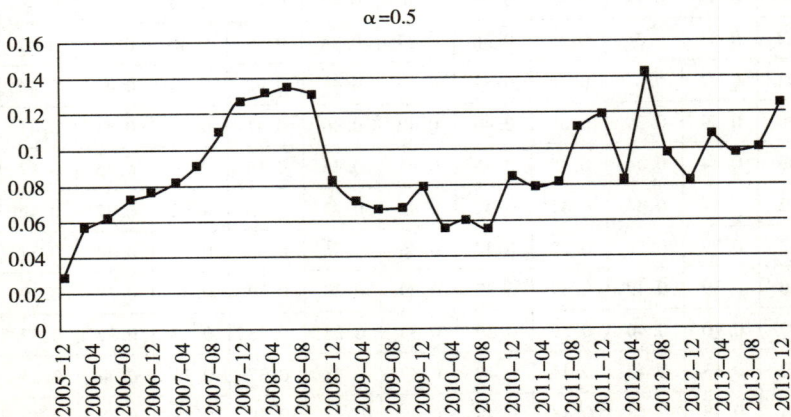

图 2.11　金融市场

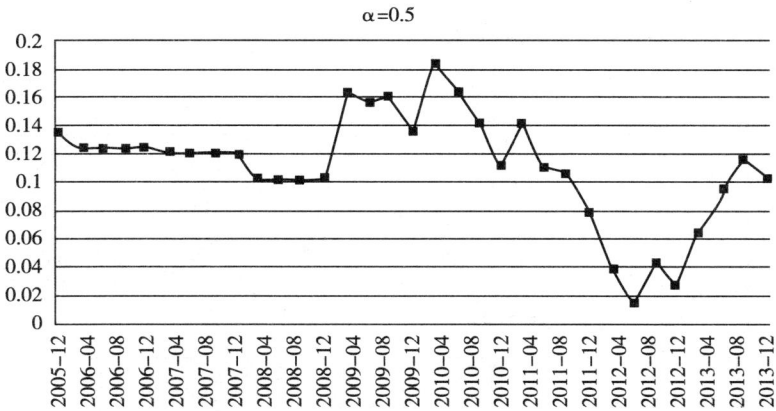

图 2.12 金融机构

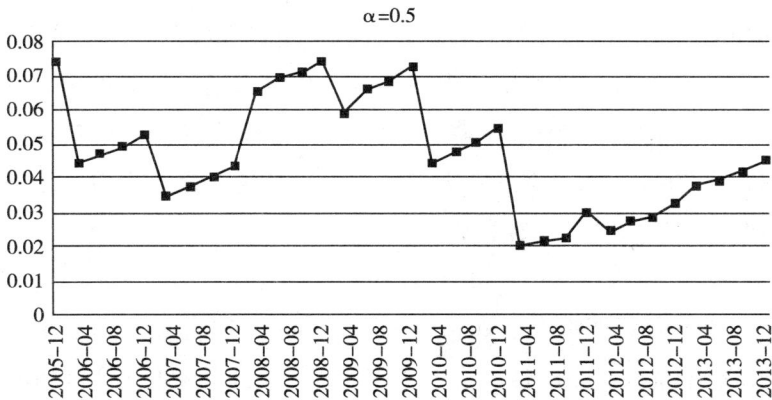

图 2.13 经济金融比

造成宏观经济、金融市场、金融机构、经济金融比率四个一级指标的系统性风险冲击趋势差异的主要原因是：本计量选取的二级指标存在差异，同时其对银行业系统性风险影响不同，所以表现出对系统性风险贡献不同，但总的趋势与以下计量的银行业系统性风险是一致的。

对 2005—2013 年与中国银行业有关的宏观经济、金融市场、金融机构、经济金融比率数据分析表明，2008 年前中国宏观经济、金融市场、金融机构运行平稳，但受 2008 年国际金融危机等因素影响，2009 年第四季度到 2010 年第二季度，宏观经济、金融市场、金融机构、经济金融比率及银行业系统性风

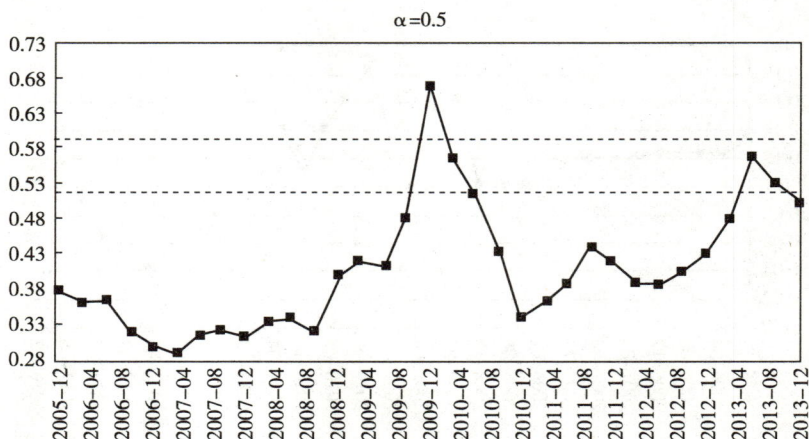

图 2.14　系统性风险的预警

险受外部冲击较大，风险开始上升。此后两年随着出口上升，物价保持平稳，人民币汇率升值、M_2 保持稳定，宏观经济、金融市场、金融机构、经济金融比率及银行业系统性风险有所下降，虽然 2011 年略有回升，但基本处于安全范围以内，到 2013 年第二季度宏观经济、金融市场、金融机构、经济金融比率及银行业系统性风险又开始上升。

通过对图 2.14 进行分析，可以得出以下结论：

第一，2009 年第四季度至 2010 年第二季度、2013 年第二季度中国银行业受外部冲击影响最大，系统性风险压力较大，与经济金融发展实际情况基本相符。2009 年第四季度至 2010 年第二季度系统性风险较大的原因主要是，受 2008 年国际金融危机冲击影响，出口出现 22% 的负增长，中国在 2008 年底出台 4 万亿元投资政策，因 2009 年前三个季度信贷投放量较大，第四季度信贷收缩（M_2/GDP 降为 1.75）造成银行流动性紧张。2013 年第二季度风险处于较高状态，主要是这个时期受世界经济复苏乏力、美国退出量化宽松政策等影响，中国股市下跌，整个市场资金偏紧，北京、上海、广东等大中城市房价同比上涨 18%，银行将大量资金投向影子银行、银行理财产品等高收益业务。银行业为了应对第二季度存贷比、资本充足率考核要求，大量向同业市场拆借资金，导致同业市场拆借利率飙升，央行出于调整产业结构、控制物价等目的不放水，银行流动性压力较大，最典型的事件是 2013 年 6 月出现的"钱荒"。

第二，基于综合指数法测量的权重，与对应的相关行业历史数据相结合进行的银行业外部系统性风险冲击分析，基本与我国银行业系统性风险压力状态相吻合，因而可以利用综合指数法判断宏观经济、金融市场、经济金融比率、金融机构中哪些因素影响较大，从而可以根据风险预警情况及时采取银行业宏观审慎监管措施，在防范系统性风险同时，支持实体经济发展，助推货币政策目标的实现。

第三，综合指数法既可以充分发挥专家、宏观经济部门对相关经济指标的研判作用，具有直观、快捷等优点，又可以结合数据本身特征，同时兼备客观等优势。这种系统性风险判定方法，比较适合我国的实际，特别是在当前还没有对银行业系统性的度量指标及模型形成一致意见的情况下，可以在总结实践经验基础上，用该方法进行短期的风险预测，从而为相关部门进行系统性风险防范、支持实体经济发展和宏观调控提供决策参考。虽然由于其更多依靠专家学者经验和判断作用，但是选择好专家并适当扩大样本量将有效提高主观权重的质量，同时客观赋权法的引入也有助于抵消部分由于专家判断带来的主观性问题。

需要说明的是，如果预测出 2014 年后宏观经济、金融市场、金融机构、经济金融比率的二级指标值，就可以根据预测值，按照综合指数法预测出 2014 年后中国银行业的系统性风险走势及状况。

2.5.4　用综合指数法计量结果处理"三位一体"目标体系的矛盾性

按照保罗·克鲁格曼的"三元悖论"，一个国家或地区的金融政策很难同时实现货币的独立性、资本自由流动、汇率的稳定性三个目标，选择了其中的两个就意味着放弃另一个。但是本书论述的"三位一体"目标体系与"三元悖论"存在不同之处，"三元悖论"是内外均衡的权衡，因外部因素中有的不可控，而本书的"三位一体"是内部均衡，其可控性较强。因此，可以通过主次抉择、顺序抉择和统筹兼顾原则解决"三位一体"的目标体系的矛盾性。下面，运用综合指数法计量系统性风险结果的阈值来判定如何处理"三位一体"目标体系的矛盾性。

以上通过对 2005—2013 年与中国银行业有关的宏观经济、金融市场、金融机构、经济金融比率数据分析表明，2009 年第四季度至 2010 年第二季度、

2013 年第二季度中国银行业受外部冲击影响最大，系统性风险压力较大，与经济金融发展实际情况基本相符，因而可以运用 2005—2013 年数据对中国银行业计量结果，分别按照均值 + 2 倍方差，均值 + 1 倍方差设定系统性风险的阈值，采取不同的银行业宏观审慎监管目标。

方案一：绿色安全区间为 [0，0.51]，此时系统性风险最小，不需要把防范银行业系统性风险作为主要目标，可按顺序决择的原则，根据支持实体经济发展和助推货币政策目标实现在国民经济发展中的紧迫程度考虑两者的先后次序问题，如果实现货币政策目标矛盾突出，则先解决实现货币政策目标问题，否则先解决支持实体经济发展目标问题。

方案二：橙色预警区间为 [0.51，0.59]，此时需要关注系统性风险目标，同时按照统筹兼顾的原则，分别考虑银行业系统性风险防范、支持实体经济发展和助推货币政策目标实现问题，统筹考虑相应的工具，力求实现目标体系的均衡。此时需将三个目标结合在一起统筹考虑，综合施策。

方案三：红色预警区间为 [0.59，1]，此时系统性风险较大，需要将实现防范系统性风险目标放在首位，采取相应的逆周期和系统重要性银行监管措施，同时根据主次决择的原则，分别考虑支持实体经济发展和币值稳定的目标实现问题，此时工作着力点应先实现防范系统性风险目标，在此前提下，再根据支持实体经济发展和稳定货币币值重要性进行考虑。

需要说明的是，如果根据综合指数法预测出 2014 年后中国银行业系统性风险状况，就可以确定相应的预警区间，并按照以上原则对 2014 年后中国银行业宏观审慎监管"三位一体"目标体系的矛盾性进行处理。

2.6　本章总结

本章分析了银行监管从货币发行、微观审慎监管、宏观审慎监管的历史演进过程，抽象发展规律，分析了银行监管目标演变的内在逻辑。在对经济政策和货币政策单目标和多目标进行分析研究的基础上，提出了银行业宏观审慎监管是防范银行业系统性风险、支持实体经济发展、助推货币政策目标实现的"三位一体"目标体系，阐述了"三位一体"目标的内涵，由于银行业宏观审慎监管目标的一致性、交融性、互补性和中国特有的国情，银行业宏观审慎监管"三位一体"目标体系具有合理性。对"三位一体"目标体系内在的矛盾进行了分析，并运用综合指数法计量系统性风险的结果，分别按照顺序抉择、主次抉择、统筹兼顾的原则，对目标体系内在的矛盾性提出了解决方案。本章研究结论如下：

1. 历史经验和理论分析表明，银行监管的目标是随着银行业发展中的业务运作模式、地位作用和风险特征的变化而演化的，经历了从关注个体银行安全的微观审慎走向同时关注微观审慎和整体银行业系统性风险的宏微观审慎并重的过程。

2. 当前国内外形势要求中国银行业宏观审慎监管框架应围绕防范银行业系统性风险、支持实体经济发展、助推货币政策目标实现"三位一体"的目标体系来架构，这个目标体系体现了银行业宏观审慎监管的风险目标、经济目标和调控目标的内在统一性，是保证银行业生存发展、发挥作用、体现价值而进行的有效宏观审慎监管的最终目的。

3. 从主要方面和内在联系看，"三位一体"监管目标之间的正向统一性是基本的，由于银行业宏观审慎监管目标的一致性、交融性、互补性和中国特有的国情，设定银行业宏观审慎监管"三位一体"的目标体系具有合理性，一个完整的银行业宏观审慎监管应是三者的有机统一体。但从次要方面和不同阶段看也存在着矛盾性，处理矛盾的重点是根据对系统性风险的计量阈值，在风险目标和经济目标之间、风险目标和调控目标之间寻求平衡；处理矛盾的基本原则是抓住主要矛盾进行主次抉择和顺序抉择，统筹协调好主管部门之间、各种政策与监管工具之间的搭配组合。

3

中国银行业宏观审慎监管的主体

在银行业宏观审慎监管目标明确后，需要有监管主体具体执行。从"三位一体"的防范银行业系统性风险、支持实体经济发展、助推货币政策目标实现的目标来看，既涉及银行业、实体经济，又涉及货币政策，因而监管主体应包括中央银行、宏观经济管理部门、专业监管机构等，不是一个部门能够完成的。世界各国的实践也表明，选择一个适合本国国情、能够实现目标的监管主体尤为重要。本章围绕"三位一体"目标体系，分析监管主体与目标的关系，对美国、英国等国监管主体改革进行比较研究，并在对我国银行业宏观审慎监管主体现状和能力进行分析的基础上，提出我国银行业宏观审慎监管主体选择的设想。

3.1 银行业宏观审慎监管主体与目标的关系

银行业宏观审慎监管主体是"三位一体"目标的具体执行者，二者之间关系十分密切，理顺两者之间的关系，是构建监管主体的前提和条件。

3.1.1 银行业宏观审慎监管目标决定监管主体

银行业监管体制应围绕监管目标来谋化，20 世纪 90 年代后形成了一些理论流派。监管体制应围绕实现监管目标表现出效率及有效性，只有将目标明确地交给监管机构，才能保证监管的正常、有效开展（Goodhart，1998），因此，应根据银行业监管的目标来考虑监管主体的创建问题。银行业具有较强的负外部性，一家银行倒闭可能引发一系列连锁反应，对经济社会发展产生不良影响，给存款人和消费者造成损失，银行监管应围绕这一目标进行（Kareken，1986）。为实现控制银行业面临的各种风险这一目标，应根据监管目标的不同考虑分别建立两个机构，一个负责监管机构行为，另一个负责审慎风险监管（Taylor，1995），即"双峰"观点。宏观审慎政策框架旨在弥补传统货币政策工具和微观监管在防范系统性风险方面的不足，要把金融业作为一个整体，根本目标是防范和管理跨行业和跨经济周期的金融体系风险（周小川，2010）。

因此，从理论上来讲，一个目标决定一个监管主体，多个目标决定需要多个监管主体参与。监管主体的选择需要在监管目标明确后，根据实现监管目标的需要，按照本国银行业体制和经济金融业发展要求进行设计安排。

3.1.2　银行业宏观审慎监管主体需要具备执行监管目标的能力

银行业宏观审慎监管目标需要通过监管主体去实现，因而监管主体的能力显得十分重要，某种程度上对监管目标的实现具有决定性作用，需要根据目标要求确定适合本国国情、符合银行发展实际和国际交流合作要求的监管主体。从银行业宏观审慎监管来说，由于监管目标是"三位一体"的目标体系，既涉及银行业、实体经济，也涉及货币政策等宏观经济发展，要求监管主体具备多种能力：一是能够及时掌握银行业、金融业和经济运行的相关信息，并具有综合处理多种信息的能力；二是具有运用防范系统性风险、支持实体经济发展、助推货币政策目标实现的监管工具能力；三是能够对宏观审慎监管与宏观经济政策措施协调配合、形成政策合力作出研判；四是能够及时协调有关方面对监管政策的执行情况进行调整或完善；五是要有相应的专业监管人才支撑，等等。只有具备这些基本的能力，才能够担当银行业宏观审慎监管主体的责任，才有能力完成监管目标要求。

3.1.3　监管主体的对立统一性影响监管目标的实现

银行业宏观审慎"三位一体"的目标体系决定了需要有多个监管主体协调配合才能够完成。从理论上来说，尽管不同的监管主体有自己的特定目标和职责范围，但由于"三位一体"目标体系具有内在统一性和依存性，各个监管主体围绕监管目标在各自职责范围内开展监管，是可以实现监管的一致性，达到"三位一体"的目标。可是从现实中看，由于各参与监管的主体具有相对独立性，主要目标、工作对象和操作工具也不尽相同，加上有时对监管目标的理解和把握、看法不尽一致，可能导致监管主体之间产生一定的分歧甚至冲突，进而影响监管目标的实现。比如，负责货币政策的部门，从保持币值稳定出发，根据自身判断，作出适当控制货币投放规模决定；而支持实体经济发展的负责部门则认为需要扩大信贷投放，提高经济发展速度，可能不会赞同其做法；负责银行业系统性风险防范监管的主体担心企业信用下降可能产生信用风险，认为需适当提高信贷投放量，这样就会造成参与宏观审慎监管的主体之间从认识上产生矛盾和冲突，给决策和实施造成困难。因此，加强监管主体的协调配合显得尤为重要。

在实际工作中。需要妥善处理好监管目标和监管主体之间的关系，特别是在多元监管目标体系情况下，应选择能够把握大局、理解监管目标的意图和实质、有综合协调能力和执行能力强的监管主体，能够在具体执行中根据条件的变化，及时协调有关方面对政策执行工具、指标进行修改完善，确保按时完成目标任务。

3.2　国外银行业宏观审慎监管主体的改革

目前，很多国家为了实现银行业宏观审慎监管目标，都对本国银行业宏观审慎监管主体进行改革，但因各国银行业体制、存在的问题和发展目标不同，监管主体的选择也不尽相同。G20、FSB、BCBS、IMF 等国际组织也有相应的观点和看法，因而目前国际上还没有形成一致的做法。本节通过对有关国家银行业宏观审慎监管主体改革的研究，总结其共性经验，为中国银行业宏观审慎监管主体改革提供借鉴。

3.2.1　美国银行业宏观审慎监管主体改革

2008 年国际金融危机发生后，在 G20、FSB 等国际机构协调下，宏观审慎监管理念逐步被各国采纳。为了加强宏观审慎监管，美国也对银行监管主体进行了改革，2010 年美国出台了《多德—弗兰克华尔街改革与消费者保护法案》（Dodd and Frank Wall Street Reform and Consumer Protection Act），对系统性风险、大而不能倒、衍生品、银行监管等问题提出了一系列监管改革措施，加强消费者保护，对原有监管目标作出了重大调整。在银行监管方面，废除储贷监理署，改善对银行控股公司、储贷控股公司和存款类机构的监管，加强美联储对银行业监管权，取消对存款类机构业务限制，实行限制银行从事自营交易和拥有相关基金的沃尔克规则，进一步加强对银行等金融机构的全面监管和宏观审慎监管。

1. 成立了由财政部牵头的跨部门的金融稳定监督委员会（FSOC，Financial Stability Oversight Council）。该委员会负责防范包括银行在内的金融体系中的系统性风险，对系统重要性金融机构进行监管，加强宏观审慎监管，建立部门之间的沟通协调机制，促进自律，维护银行业稳定。该委员会由 15 名成员组成，美国财长担任委员会主任，成员有美联储主席、证监会主席、联邦存款保险公司总裁、货币审计长、商品期货交易委员会主席、消费者金融保护局局长、联邦住房金融局局长、全国信用联盟管委会主席和保险专家等 10 名具有投票权人员组成，还有来自银行、保险和证券方面无投票权的 5 名代表参加。金融稳定委员会每年要向国会报告工作，至少每季度召开一次会议，由金融稳定监督委员会主席负责召集，也可以由多数成员召集，以简单多数原则行使职权，特殊情况下需经三分之二的成员通过。

2. 增强了美联储（FED）对银行业监管的职责。经 FSOC 批准，美联储可以分拆严重影响金融稳定的金融机构。美联储要加强对大型、相互关联的银行控股公司和非银行金融机构的监管，在资本充足率、流动性、杠杆率、信用敞口、信息披露等方面设立更为严格的宏观审慎监管标准。允许美联储要求银行控股公司及其子公司提供财务状况、与存款类子公司的交易、风险控制等方面情况，并采取相关执法和行动。金融控股公司、储贷控股公司（SLHCs）在收购并表资产 100 亿美元及以上的非银行公司时，需向美联储申请许可。通过以上措施，进一步增强了美联储对银行业系统性风险的防范能力。

3. 强化了货币监理署职责。将联邦储蓄协会的监管职能交由货币监理署负责，切实加强并简化存款类和金融控股公司的监管，促进金融稳定。

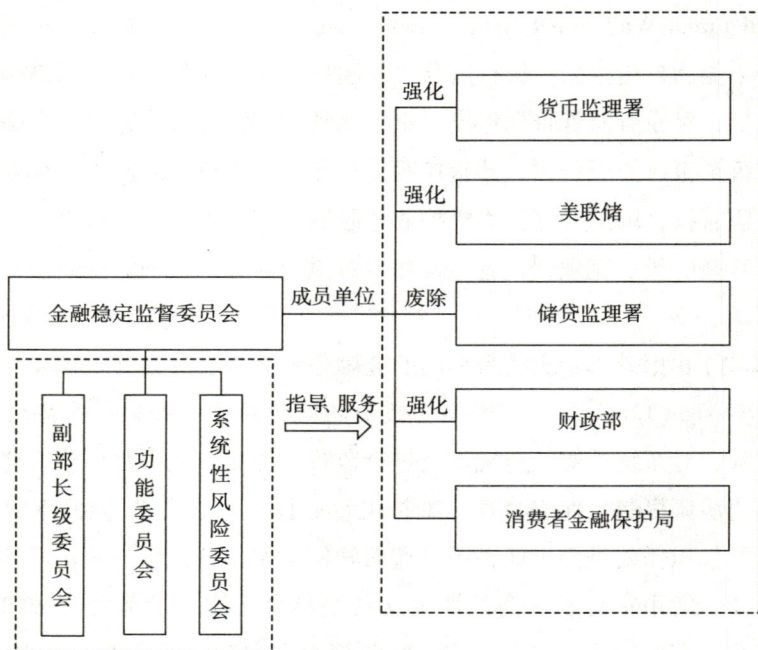

图 3.1　美国银行业宏观审慎监管

3.2.2　英国银行业宏观审慎监管主体改革

英国银行业宏观审慎监管主体改革针对银行综合经营和风险跨部门、行业的实际情况，明确由英格兰银行、金融服务局和财政部共同监管银行业，进一步强化央行和财政部的监管职能。为加强监管部门协调，防范系统性风险，英国又对这种监管机构进行调整，成立审慎监管局，形成双峰式监管，同时，在英格兰银行成立金融政策委员会。

1. 明确三个部门共同监管银行业。英国的银行业监管曾由其中央银行——英格兰银行负责，实行单一型监管。为适应银行业综合经营发展监管需要，1997 年，英国政府对 1985 年成立的证券投资委员会（SIB）进行改组，成立了金融服务局（FSA），成为英国金融市场统一的监管机构，行使法定职责，直接向英国财政部负责，最终形成由英格兰银行、金融服务局和财政部三方共同管理的银行管理格局。该体系的好处是，各方分工明确，可以不断提高管理专业化水平。但也存在明显的缺点，三方只能掌握有限的信息，不能及时监测、发现、识别银行业面临的风险、运行中存在的困难，不能根据监管情况及时调整有关监管措施，存在着较大的缺陷。

2. 实行"双峰监管"。2008 年国际金融危机爆发后，英国采取了一些措施加强银行业宏观审慎监管主体改革。

一是机制调整。2009 年在英格兰银行董事会下设金融稳定理事会（CFS），后调整为由财政部、英格兰银行和金融服务局三家组成金融稳定理事会，主要职责是建立沟通协调和会商制度，及时监测、把握包括银行在内的金融业所面临的风险，特别是系统性风险情况，加强相关各方的信息沟通和交流，研究采取有针对性的解决办法。

二是重组机构。2010 年 6 月，英国出台了《金融监管改革方案》，撤销金融服务局，将其职责分别划给重新设立的审慎监管局（PRA）、消费者保护和市场管理局。其中，消费者保护和市场管理局作为独立机构直接向英国议会和财政部负责，审慎监管局归属英格兰银行。同时在英格兰银行内部成立金融政策委员会（FPC），主要职责是负责银行业宏观审慎监管，维护银行稳定，防范出现系统性风险。金融政策委员会由英格兰银行行长、副行长和负责金融稳定和金融市场的执行官等 6 名人员，以及 1 名来自财政部的官员和 4 名外部专家，共 11 人组成，英格兰银行行长担任金融政策委员会主席。金融政策委员会主要职责是，密切关注包括银行业在内的金融业运行情况，及时监测、发现和识别银行存在的风险，研究采取相应的审慎性的政策工具化解风险，特别是系统性金融风险。委员会定期发布报告，增强透明度，引导市场预期。除了对英格兰银行负责外，还要向财政部和议会报告工作。

根据《2012 年金融服务法》的规定，英国自 2013 年起正式撤销金融服务局（FSA），另设金融行为监管局（FCA）和审慎监管局（PRA），FCA 继承FSA 保护消费者的职责，增强对英国金融系统的信心。调整后英国银行监管主体框架是：英格兰银行负责金融稳定，PRA 和 FCA 分别负责银行业审慎监管和银行业务行为监管，组成"双峰监管"模式。PRA 属于英格兰银行的附属机构，同时英格兰银行还设立金融政策委员会（FPC），负责识别并防范系统性风险。

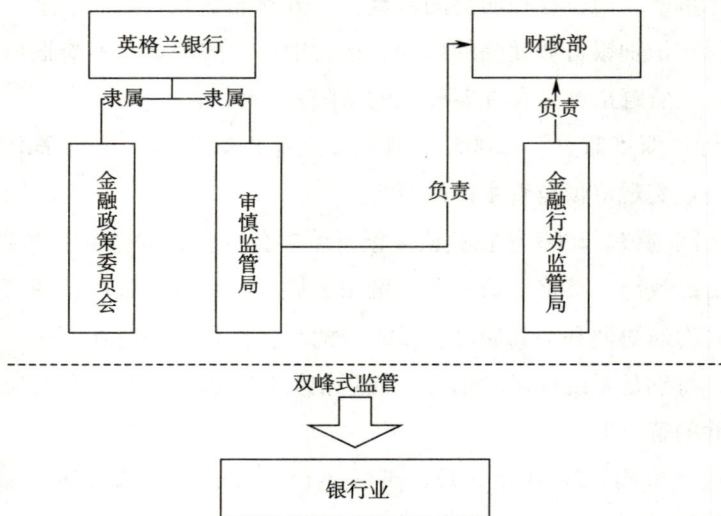

图 3.2　英国银行业宏观审慎监管

3.2.3　日本银行业宏观审慎监管主体改革

日本银行业监管主体改革，注重发挥央行和财政部门的作用。为适应银行业宏观审慎监管要求，2008 年国际金融危机后，日本强化金融厅对银行业、证券、保险等业务监管职责，加强金融厅与日本央行的协作，同时建立跨部门的协调机制以及监管部门的内外协调机制，提高银行业系统性风险防范水平。

1. 组建金融厅开展银行业监管。日本银行业监管的主体曾经由日本央行独立承担，20 世纪 90 年代改由日本银行和大藏省共同负责。1998 年，日本颁布实施《金融体制改革法》，对银行业监管体制进行了全面的改革和调整。为适应金融业快速发展的要求，日本专门组建了金融监管厅（后改名为"金融厅"），与大藏省（后改为"财政厅"）联合负责银行监管。到 2001 年形成了由金融厅主导、中央银行和存款保险机构共同参与、地方财务部门受托管理的银行监管体制，防范银行业风险，发挥银行业对实体经济发展的支持作用。

2. 强化金融厅的宏观审慎监管职责。2008 年国际金融危机发生后，日本强化了金融厅的监管职责，明确金融厅是日本银行业审慎监管的核心部门，重点是制定宏观金融政策、完善法律法规、规范银行业金融机构行为，防范银行业风险。日本央行负责对与其有业务关系的银行进行财务检查。为了强化监管职能，金融厅和日本央行对内设机构进行调整，成立了专业监管部门。近年来，为了更好地识别金融机构和金融系统风险，日本金融厅把金融机构和金融系统风险作为一个整体对象，采取现场和非现场监管相结合的方式，实现连续性和无缝衔接，强化了监管主体的责任。

3. 建立金融监管机构的协调机制。为提高监管水平，增强金融厅、日本央行等监管机构之间的协同性，日本建立了各金融监管机构之间的协调机制。不仅在监管部门内部设立协调机构，而且在监管部门之外设立协调机构，承担各部门之间的政策协调任务，进一步提高对银行业系统性风险监管水平。

3.2.4　印度银行业宏观审慎监管主体改革

印度银行业宏观审慎监管主体改革主要是通过赋予印度储备银行的金融稳定职责，加强银行业宏观审慎监管。为加强监管协调，印度还成立了由财政部部长担任主席的金融稳定和发展理事会。

1. 赋予印度储备银行宏观审慎监管职责。印度通过增加印度储备银行维护金融稳定功能，使其成为本国银行业宏观审慎监管的主管部门。印度储备银行监管的重点范围是银行、非银行金融公司、货币和银行主导的外汇及政府债券市场，主要采取逆周期的监管政策，并在货币政策和金融稳定之间建立联系。为了加强对系统重要性金融机构的监管，印度储备银行组建了金融集团监测处，对系统性重要银行进行有针对性的监管。

2. 组建综合性的监管委员会加强银行业宏观审慎监管协调。为加强银行通过分支机构和联营公司等方式拓展业务领域等监管，以及监管协调，防范金融风险，2008 年国际金融危机以后，印度组建由总理担任主席、储备银行和财政部代表参加的高级别的伞形委员会。最近，印度将委员会调整为由财政部长担任主席的金融稳定和发展理事会（FSDC），具体承担宏观审慎监管职责。金融稳定和发展理事会还建立了系统性重要金融机构监管的跨部门协调制度。

3.2.5　巴西银行业宏观审慎监管主体改革

巴西银行业宏观审慎监管主体改革，主要是明确巴西中央银行宏观审慎监管职责，为加强跨部门金融监管协调，巴西成立了国家货币理事会（NMC）。

1. 明确由巴西中央银行主管全国银行业监管并承担银行业宏观审慎监管职责。巴西中央银行负责巴西货币政策和经济政策制定，保持价格稳定，防范银行业系统性风险，维护银行业稳定。为更好地履行监管职能，巴西中央银行在其内部设立了专门的监管部门——监督管理局，监督管理局分设现场检查、非现场检查等四个部门。

2. 明确国家货币理事会（NMC）负责协调金融监管部门。国家货币理事会由巴西中央银行（BCB）、证券交易委员会（SEC）、私营保险监管局（PIS）、补助养老金秘书处（CPS）四个金融监管机构构成，负责实施混业监管。同时，四个监管机构可实行联合监管或单独监管。为防范系统性风险，理事会提高对金融机构的信息披露要求，加强系统性风险监测，强化风险防范和控制。

3.2.6 银行业宏观审慎监管主体改革的国际比较

通过对美国、英国、日本、印度、巴西等国银行业宏观审慎监管主体改革比较研究，我们可以看出，2008年国际金融危机发生后，在G20领导人峰会、FSB、IMF、BIS、CBCS等国际组织的积极推动下，围绕银行业宏观审慎监管目标，结合本国经济金融业发展和本国银行业监管的实际，各国政府在宏观审慎监管主体改革、增强监管主体的执行力方面采取了一系列有效的措施，并加强国际间的交流和磋商，这些做法尽管不尽相同，但都针对本国银行业存在的风险、支持经济发展和维护良好的宏观经济发展环境监管等，有力地防范面临和各种金融风险，促进了本国经济复苏。其主要经验和启示是：

1. 发挥中央银行系统性风险防范的主体作用。次贷危机以后，各国监管主体的改革举措中，基本上都强化了中央银行在宏观审慎监管中的主体作用，注重发挥中央银行及时掌握宏观经济和金融业运行情况的优势，把中央银行作为银行业宏观审慎监管的主体，赋予其相应的宏观审慎监管职责。

2. 财政部门可以承担多目标宏观审慎监管主体。美、英、日等国的监管主体的改革，不约而同地赋予财政部宏观审慎监管的责任。特别是美国，注重发挥财政部门在风险处置和化解方面的优势，成立了由财政部牵头，美联储、证监会、联邦存款保险公司、商品期货交易委员会、消费者金融保护局等部门负责人参加的跨部门的金融稳定监督委员会，研究银行业和金融业宏观审慎监管政策、加强银行业监管，防范系统性风险。在这一机制下，充分发挥美联储对银行业监管职责，在资本充足率、流动性、杠杆率、信用敞口、信息披露等方面可采取相应措施，实施审慎监管。

3. 组建综合委员会负责多目标下综合监管。迄今为止，主要国家都相继组建了综合性的委员会来协调多部门参与的宏观审慎监管工作。例如，美国组建了跨部门的金融稳定监督委员会（FSOC），15 名成员中由美国财长担任委员会主任，成员有美联储主席、证监会主席、联邦存款保险公司总裁、货币审计长、商品期货交易委员会主席、消费者金融保护局局长、联邦住房金融局局长、全国信用联盟管委会主席和保险专家等，发挥相关部门在相关领域的专业优势和作用，共同采取措施实现宏观审慎监管的多目标。英国的金融政策委员会由来自英格兰银行、金融机构和市场的监管执行官、财政部官员和 4 名外部专家共同组成，以利于实现多个宏观审慎监管目标。日本为了提高监管水平和监管机构之间的协同性，建立了监管部门内外协调机制，不仅各参与监管的部门在内部设立协调机构，且在监管部门之外也设立协调机构，承担各部门之间的政策协调任务。印度也组建了综合性的监管委员会。巴西组建的国家货币理事会（NMC）由央行等四个金融监管机构构成，统筹协调包括银行业在内的金融监管，以防范金融风险，促进经济增长，维护金融稳定。

表 3.1　　美国、英国、日本、印度、巴西银行业宏观审慎监管比较

国家	主导部门	主体机构及监管体制	协调机制
美国	财政部	➤ 由财政部牵头的跨部门的金融稳定监督委员会负责重点防范系统性风险、系统重要性机构监管、维护行业稳定； ➤ 强化美联储和货币监理署对于银行机构的监管。	金融稳定监督委员会
英国	审慎监管局	➤ 英格兰银行负责金融稳定，审慎监管局和金融行为监管局分别负责银行业审慎监管和银行业务监管的"双峰监管"模式； ➤ 下设立金融政策委员会，识别防范系统性风险。	金融政策委员会

国家	主导部门	主体机构及监管体制	协调机制
日本	金融厅	➤ 金融厅主导、中央银行和存款保险机构共同参与、地方财务部门受托管理的银行监管体制。	监管部门内部、外部均设协调机构
印度	金融稳定和发展理事会	➤ 由储备银行采取逆周期监管政策,主要维护金融稳定; ➤ 组建金融稳定和发展理事会承担宏观审慎监管职责; ➤ 组建金融集团监测处,加强系统重要性机构监管。	金融稳定和发展理事会
巴西	巴西中央银行	➤ 主管并承担银行业宏观审慎监管职责; ➤ 下设专门监督管理局,实施有效监管。	国家货币理事会

通过总结各国银行业宏观审慎监管主体的经验,我们可以得出以下几点启示:

首先,选择适合本国国情的银行业宏观审慎监管主体十分重要。各国银行业和经济发展的水平不同,各国宏观审慎监管主体不尽相同,主要是基于各国金融体制和银行管理制度不同作出的选择,本身不存在优劣之分。只要该监管主体能够防范该国的银行业系统性风险,支持实体经济发展,助推货币政策目标实现,就是恰当的,因此不必强求各国选择完全相同的宏观审慎监管执行主体。

其次,各国监管主体模式的架构并非一成不变,需要根据本国实际需要随时调整。近年来,随着各国对全球性金融危机防范水平和认识的不断提高,现实金融运作和经济发展也发生了很大的变化,在原有的监管主体架构已经不太适合现实要求时,各国不是墨守成规,也不顾及既定格局的权益配置,大都选择了主动对银行业宏观审慎监管主体结构进行调整,目的是能够更加切实地实施宏观审慎监管。

3.3　中国银行业宏观审慎监管主体选择

中国目前金融业分业监管体制决定了现行监管主体难以适应银行业宏观审慎监管多元目标的要求，需要参照国外的做法，按照监管目标要求进行改革，确保其能够完成监管目标确定的各项任务。

3.3.1　中国银行业宏观审慎监管现状

中国银行业宏观审慎监管起步较晚，但起点较高，执行力较强。具体可以划分为以下几个阶段：

1. 起步阶段（1997—2007 年）。1997 年发生的亚洲金融危机虽然未对中国造成重大影响，但引起中国政府的高度重视，中国政府在承诺人民币不贬值的同时，开始注重防范金融风险，特别是银行业的风险，拉开中国银行业宏观审慎监管的序幕。当时中国银行业不良贷款率为 25%，经过实行国有企业债转股，发行人民币国债，向四大国有商业银行注资，成立资产管理公司收购四大国有商业银行不良债权等，银行业风险水平不断降低，截至 2012 年底中国银行业不良贷款率为 1.56%，平均资本充足率为 13.25%，当年实现利润 1.51 万亿元。尽管 2009 年前中国不是巴塞尔协议成员国，中国银行业加大对外开放力度，学习国际先进管理经验，2004 年中国银监会发布《商业银行资本充足率管理办法》，使中国银行业监管逐步步入国际化轨道，与国际通行规则开始接轨。2004 年，《巴塞尔协议 II》出台后，中国银监会发布了《中国银行业实施新资本协议指导意见》，将协议提出的改革资本要求和监管措施及相关标准落实到银行业具体监管工作中。

2. 发展阶段（2008—2009 年）。2008 年由美国次贷危机引发的国际金融危机发生后，中国积极参与 G20 关于加强银行监管、防范系统性风险的监管国际合作，积极提出中国的主张，努力为世界应对国际金融危机作出应有的贡献。2009 年中国加入巴塞尔协议委员会，成为其 27 个国家和地区成员之一，有力地推动了中国落实巴塞尔协议的进程，加快了中国宏观审慎监管与国际接轨的步伐。在美国等发达国家面临国际金融危机冲击、流动性不足、实体经济发展受到制约导致落实巴塞尔资本协议推迟的情况下，中国商业银行已于2010年底实施了《巴塞尔协议Ⅱ》确定的主要指标。

3. 提升阶段（2010—）。2010年巴塞尔协议委员会发布《巴塞尔协议Ⅲ》后，中国银行业结合《巴塞尔协议Ⅱ》认真研究具体落实措施。2011年4月，中国银监会发布了《关于中国银行业实施新监管标准的指导意见》，提出了明确的落实总体目标、指导原则，就提高监管标准、增强银行监管有效性及相关组织实施工作提出了明确要求，实现了国内标准与国际标准接轨。同时，立足银行业实际情况，加强风险监管，落实风险预警机制，开展银行业宏观压力测试，注重加强逆周期监管。2012年6月国务院常务会议专门审议通过了《商业银行业资本管理办法（试行）》。

表3.2　　　　　　　　　　　中国银行业宏观审慎监管情况

改革措施	改革措施	改革主体	管理法规	改革成效
债转股	1998年发行2 700亿元国债，向四大国有商业银行注资；1999年成立四大国有资产管理公司，共剥离四大行不良资产1.4万亿元；2008年向农业银行注资1 300亿元人民币。	四大商业银行	《中国人民银行法》《银行业监督管理法》《商业银行资本充足率管理办法》《中国银行业实施新资本协议指导意见》等。	2012年底，不良贷款率1.56%，平均资本充足率13.25%，实现利润1.51万亿元。
发债		四大商业银行		
注资		四大商业银行		
上市		四大商业银行		
资本监管		所有商业银行		
逆周期监管		所有商业银行		

中国银行业宏观审慎监管尽管起步较晚，但落实巴塞尔协议的很多指标却走在世界前列。截至2012年底，中国银行业平均资本充足率为13.25%，银行杠杆率指标不小于4%，高于巴塞尔协议大于3%的要求，将拨备覆盖率从100%提高到150%，流动性覆盖比率、净稳定融资比例大于等于100%指标基本落实。与其他国家相比，中国落实宏观审慎监管相关国际规则时间较早，态度坚决，成效比较显著。其中的原因很多，主要与中国资本市场未开放、资本市场发展不够成熟、利率市场化改革刚刚起步，在亚洲金融危机和本次国际金融危机中都没有受到大的影响，银行经营状况良好等相关。但同时需要看到的是，中国金融业实行分业经营、分业管理的体制，人民银行、银监会、证监

会、保监会（"一行三会"）各自负责相关领域的监管，金融市场产品单一且同质化程度较高，创新水平较低，社会信用总体缺乏，中国银行业宏观审慎监管还没有一个明确的主管部门或牵头负责部门，对银行创新产品监管不到位，监管部门之间信息不能及时共享，存在着监管重复与真空并存、监管效率不高等问题。

3.3.2　中国银行业宏观审慎监管主体的现状

从监管主体看，中国金融业实行分业经营、分业管理的体制，目前人民银行、银监会、证监会、保监会均监管银行相关业务，都负有部分宏观审慎监管的责任。

根据《中国人民银行法》和人民银行"三定"规定，人民银行负责执行存款准备金管理规定的行为；与人民银行特种贷款有关的行为；执行有关银行间同业市场、银行间债券市场管理规定的行为；经国务院批准可对金融机构进行监督检查；负责防范和化解金融风险，维护国家金融安全。日常工作中主要运用利率、汇率、再贷款、存款准备金等手段，调节货币供求、资金价格和市场供求，在发挥发行的银行、政府的银行、银行的银行作用的过程中，保持银行系统的安全、货币稳定和促进经济合理增长。

根据《银行业监督管理法》和银监会"三定"规定，银监会负责监管商业银行、城市信用社、农村信用合作社和政策性银行；制定商业银行的审慎经营规则，包括法人治理、风险管理、内部控制、资本充足率、资产质量、关联交易、资产流动性等，并制定其他银行业金融机构相应的审慎经营规则；对银行业金融机构业务活动和风险状况进行现场检查；处置银行业金融机构风险。日常工作中，银监会主要通过资本充足率、资产质量、管理质量、盈利水平和流动性指标对银行业进行考核。

证监会、保监会主要是负责上市银行、存款保险的相关监管，要求银行业执行有关规定。

中国银行业监管总体上是积极稳妥的，但仍不能完全适应风险防范、支持实体经济发展和稳定货币稳定目标的要求。在涉及银行业宏观审慎监管方面，人民银行主要负责研究拟定货币政策、利率政策和汇率政策，维护金融稳定，但又不具体负责银行业金融机构的监管，不掌握分行业具体信息；银监会主要负责银行业的风险监管，但不负责维护国家金融安全；证监会主要负责涉及上市银行的监管配合工作；保监会主要负责存款保险方面的监管工作。由于多个部门涉及银行业宏观审慎监管，并且职责不是十分明确，有的事项都愿意管，有的事项都不愿意管，因而往往造成监管重复和监管真空。同时，随着经济全球化和金融改革开放进一步深化，金融混业经营、银行控股公司的发展，一方面现行的分业监管实际上已经被打破，银行业监管也面临着改革和职能界定问题，另一方面涉及实体经济发展的产业部门和国家信用的主管部门——国家发展改革委、工业和信息化部、财政部等部门游离在监管部门之外，将导致部门间信息渠道不够畅通，不利于银行业防风险、促发展、稳币值。因此，目前银行业宏观审慎监管在信息交流、决策执行、政策制定、监管职责方面还未形成全力，还不适应宏观审慎监管主体的要求。

3.3.3　我国"三位一体"目标下监管主体选择的要求

银行业宏观审慎监管主体应围绕监管目标开展工作，因而"三位一体"的监管目标决定了监管主体应具备的能力和条件，也决定着中国银行业监管主体的选择。借鉴美、英、日等国经验，中国银行业宏观审慎监管主体应具备以下能力。

1. 能够推动"三位一体"目标实现。实现"三位一体"的目标是银行业宏观审慎监管主体的主要追求和努力方向，为此，监管主体应能够做到：

第一，能够有效识别、监测和防范银行业系统性风险。随着金融全球化、自由化发展和国际金融危机的影响进一步深化，中国经济发展面临的外部环境日益严峻，出口下降、国际金融市场对中国影响频率加快、程度加深。与此同时，截至 2013 年 6 月底全国拥有 20.9 万亿元的政府性债务，高房价下房地产贷款和房地产信托融资还款压力，以及银行理财产品、影子银行、互联网金融等金融创新快速发展，也给中国银行业带来了很大的风险，因此，中国银行业面临的风险更加多元、复杂，给监测、识别、防范风险带来较大压力，单靠银行业监管部门很难完成，需要发挥国民经济其他综合部门对国际国内宏观经济情况熟悉和调控国内宏观经济发展的优势，比如财政部门的注资、减免税收、央行货币政策的公开市场操作等，形成工作合力。

第二，能够促进实体经济发展。支持实体经济发展是各国政府追求的主要目标，支持实体经济发展是"三位一体"目标体系的根本。2008 年国际金融危机爆发后，美、日、欧为促进实体经济发展，先后实施了量化宽松的货币政策，其中美国实施了四轮量化宽松政策。中国实行积极的财政政策和货币政策，通过向银行注资，提高拨备覆盖率，多次下调银行存贷款利率和存款准备金率等措施，促进银行业支持实体经济发展。由于支持实体经济发展涉及众多部门，银行业宏观审慎监管主体需要统筹协调有关部门共同采取有效措施，实现在防范风险的同时，支持实体经济发展。

第三，能够助推货币政策目标实现。Lars E. O. Svensson1998 年完成的论文 "Inflation Target as a Monetary Policy Rule" 开创了有弹性通货膨胀目标的研究后，新西兰、英国、德国、加拿大等国采用通货膨胀作为货币政策的目标，用通货膨胀来考察货币发行的数量，助推货币政策目标实现，调整衡量货币政策。美国把维持美元币值稳定作为美国货币政策目标的核心。中国处于经济转型过程，自建立社会主义市场经济体制以来，地方上项目、求增长的发展冲动和近年来国际收支双顺差的局面，给助推货币政策目标实现带来了挑战，银行业监管部门需要与货币政策主管部门等密切配合，采取相应的监管工具才可能实现稳定币值的目标。

2. 具有综合协调能力。为了实现银行业宏观审慎监管目标，监管主体除了能够协调银行业监管部门外，还应能够协调宏观经济综合部门，以便统一各部门思想和行动。比如，美国组建了跨部门的金融稳定监督委员会（FSOC）、英国成立金融政策委员会，加强包括银行业在内的监管协调。目前，中国银行业监管涉及人民银行、银监会、证监会、保监会，以及国家发展改革委、财政部等部门，监管主体需要具有一定的权威性和协调能力。

3. 具备国际协调能力。2008 年国际金融后，G20、FSB 和 BCBS 等国际机构加强银行监管的国际协调，出台《巴塞尔协议 III》等监管标准措施，要求各国认真落实。根据当前全球经济发展情况，将来还有可能出台更多监管标准措施。美国、英国等国均加强宏观审慎监管国际协调、合作，在 G20、FSB、BCBS 征求拟出台相关文件意见时，充分表达本国诉求，并就本国关心的问题进行沟通协调。中国已于 2009 年成为 FSB 和 BCBS 的成员国，在享受相关权利的同时，需要承担相应的义务。因此，中国宏观审慎监管主体在充分发挥银行业专业监管机构国际交流合作作用的同时，需要加强中国参与银行业监管国际立场和原则的统筹协调，增加银行业监管国际规则话权，提高银行业监管国际合作水平。

综合分析银行业监管主体和目标的关系、美国等国家监管主体改革经验、中国银行业宏观审慎监管体制现状，以及银行业宏观审慎监管主体应具备条件，目前实现"三位一体"的监管目标的监管主体，大大超越了现行人民银行、银监会、证监会、保监会、财政部等部门各自的职责，任何一个部门都无法独立完成，因此，需要对现行监管体制进行改革。

3.3.4　我国"三位一体"目标下重新架构监管主体的设想

根据以上分析，一个目标决定一个监管主体，多个目标决定需要多个监管主体参与，应妥善处理好监管目标和监管主体之间的关系，特别是在多元监管目标体系情况下，需要选择能够把握大局、理解监管目标的意图和实质、有综合协调能力和执行能力强的监管主体，并能够在具体执行中根据条件的变化，及时协调有关方面对政策执行进行修改完善，确保按时完成目标任务。银行业宏观审慎监管对监管主体的能力已突破人民银行、银监会、证监会、保监会、财政部等部门现行职能，即使一个部门或两个部门联合亦无法完成监管目标确定的任务，因此，需要成立国务院金融监管委员会作为中国银行业宏观审慎监管主体，具体负责中国银行业宏观审慎监管协调事宜。委员会由国务院领导担任主任，人民银行、银监会、证监会、保监会、国家发展改革委、财政部、商务部、工业和信息化部、国家统计局等部门负责同志担任成员。委员会下设宏观审慎监管局和专家咨询委员会。

需要说明的是，新设的中国银行业宏观审慎监管主体——国务院金融监管委员会是中国银行业宏观审慎监管的高层次议事协调机构，并不取代各部门现有的法定职责与权限，各监管部门仍按现行职能履行职责，实现各自的政策目标。国务院金融监管委员会与人民银行、银监会、证监会、保监会、财政部、国家发展改革委等部门也没有行政隶属关系，只是业务协调关系。其主要职责是：研究提出银行业宏观审慎监管重大政策、措施，报国务院批准；就委员会拟采取的相关监管政策和工具协调各部门采取统一行动，并对成员单位提出的议案进行审议；协调中国参加 G20、FSB、BCBS 相关政策立场；研究加强财政政策、货币政策、产业政策等宏观经济政策与银行业宏观审慎监管政策的协调配合等。委员会成员单位仍按各自职责发挥作用，对一些重大问题，比如涉及银行业跨周期维度、跨行业维度的风险监管和政策措施，仍分别由人民银行、银监会负责；证监会要配合做好银行业宏观审慎监管涉及银行资产证券化、银行衍生品等方面监管工作；保监会配合做好银行业宏观审慎监管涉及银行存款保险相关工作；国家发展改革委、财政部、商务部、工业和信息化部、国家统计局等部门配合从宏观经济发展、财政税收、对外贸易、产业发展等方面提供相关政策支持。各成员单位可以就相关监管工作提出议案，提请委员会审议。

中国银行业宏观审慎监管局作为国务院金融监管委员会秘书处，承担委员会日常工作，落实委员会各项决策部署，负责中国银行业宏观审慎监管相关事项的具体协调，并报国务院金融监管委员会审议。其人员组成以人民银行有关司局为主，同时从银监会、证监会、保监会、国家发展改革委、财政部、商务部、工业和信息化部、国家统计局等部门抽调部分人员。

专家委员会属于委员会下设的咨询性机构，负责就委员会拟出台银行宏观审慎监管相关政策、工具、标准进行研究论证，成熟后提请委员会审议。专家

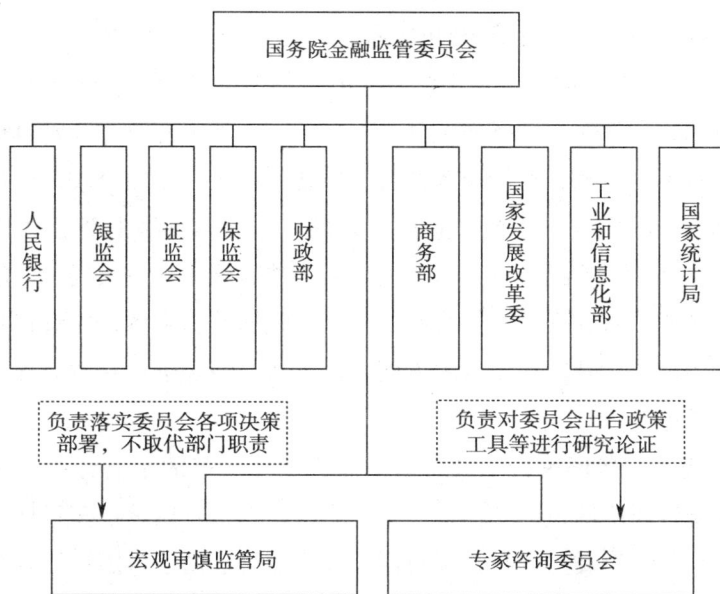

图 3.3　中国宏观审慎监管主体框架

委员会从有关部门、行业、高校和科研机构挑选有影响力、专业性人员组成，专家委员会坚持开放的原则，不断增强专家的代表性。因专家委员会工作涉及国家利益，对从国外选择专家要持慎重态度。

3.4　本章小结

本章利用中外对比方法，对中国银行业宏观审慎监管主体进行了理论分析，主要观点有：

1. 银行业宏观审慎监管主体的安排应该适应监管目标的要求。一个目标决定一个监管主体，多个目标决定需要多个监管主体参与。监管主体的选择需要按照本国银行业体制和经济金融业发展要求进行设计安排。中国银行业"三位一体"的监管目标体系，既涉及银行业、实体经济，也涉及货币政策及宏观经济发展，要求监管主体具备多种能力，需要有多个监管主体协调配合才能够完成。从理论上来说，尽管不同的监管主体有自己的特定目标和职责范围，但由于"三位一体"目标体系具有内在统一性和依存性，各个监管主体围绕监管目标在各自职责范围内开展监管，是可以实现监管的一致性，达到"三位一体"的目标。但是从现实中看，由于各参与监管的主体具有相对独立性，主要目标、工作对象和操作工具也不尽相同，加上有时对监管目标的理解和把握、看法不尽一致，可能导致监管主体之间产生一定的分歧甚至冲突，进而影响监管目标的实现。因此，应妥善处理好监管目标和监管主体之间的关系，特别是在多元监管目标体系情况下，需要选择能够把握大局、理解监管目标的意图和实质、有综合协调能力和执行能力强的监管主体，能够在具体执行中根据条件的变化，及时协调有关方面对政策执行情况进行修改完善，确保按时完成目标任务。

2. 美、英、日等国银行业宏观审慎监管主体改革的主要经验：一是发挥中央银行系统性风险防范的主体作用。二是财政部门可以承担多目标宏观审慎监管主体。三是综合委员会负责多目标下综合监管。由于各国银行业和经济发展的水平不同，各国宏观审慎监管主体不尽相同，关键是要选择适合本国国情的银行业宏观审慎监管主体，同时应根据客观需要及时进行调整。

　　3. 中国银行业宏观审慎监管主体应具备能够推动"三位一体"目标实现、具有综合协调和国际协调能力。银行业宏观审慎监管对监管主体的能力要求大大超越现行人民银行、银监会、证监会、财政部等部门职责，现有任何一个部门或两个部门联合亦无法完成监管目标确定的任务，因此，需要成立国务院金融监管委员会，具体负责中国银行业宏观审慎监管协调事宜。委员会由国务院领导担任主任，人民银行、银监会、证监会、保监会、国家发展改革委、财政部、商务部、工业和信息化部、国家统计局等部门负责同志担任成员，下设宏观审慎监管局和专家咨询委员会负责落实委员会各项决策，开展日常工作。

4

中国银行业宏观审慎监管工具

在监管目标和监管主体确定后，需要监管主体运用恰当的监管工具进行操作，从而实现监管目标，特别是在银行业宏观审慎监管"三位一体"目标体系框架下，监管工具的设计和使用在遵循其传导机理的同时，不仅要考虑实现防范银行业系统性风险、支持实体经济发展、助推货币政策目标实现的单个目标政策工具，而且要从整体上把握实现三个目标衔接配合的工具搭配，避免工具之间的抵触和叠加，以实现集成效应，达到 1 + 1 大于 2 的效果。本章回顾了国际上银行业监管工具的演进过程、有关国家宏观审慎监管工具的使用情况，考察其对实现"三位一体"目标体系的效果及借鉴作用，并在分析实现"三位一体"目标体系的宏观审慎监管工具及其传导机理基础上，结合实际对中国银行业宏观审慎监管"三位一体"目标的监管政策工具设计和运用进行研究，提出可操作性措施。

4.1 巴塞尔国际银行监管工具的演进：从注重微观到强调宏观

巴塞尔协议倡导的监管工具，在统一国际银行监管标准方面起到了重要作用，本节研究巴塞尔协议监管工具从微观到宏观的演进过程，分析其利弊，考察随着经济金融快速发展，银行业监管目标的不断扩大，监管工具如何从微观不断走向宏观。

4.1.1　巴塞尔协议 I 和 II 监管工具：关注微观目标的实现

1971 年布雷顿森林体系解体后，西方国家为了追求经济增长，开始抛弃凯恩斯国家干预主义，转向实行经济自由主义。世界各国开始放松对银行的监管。然而，在德国的赫斯塔特银行、美国富兰克林银行倒闭后，跨国银行监管问题被列入世界议事日程。巴塞尔银行监管委员会成立后，为加强各国之间的沟通协调、使银行监管具有可比性，一直致力于推进银行监管国际标准制定工作，先后制定了一系列监管标准，主要有：《综合资产负债表原则》《银行海外分支机构监管原则》《资本协议市场风险补充规定》《有效银行监管的核心原则》。1988 年巴塞尔银行监管委员会出台了《关于统一国际银行资本计量和资本标准的协议》（International Convergence of Capital measurement and Capital Standards，即巴塞尔协议 I），2004 年出台《资本测算和资本标准的国际协议：修订框架》（即《巴塞尔协议 II》，俗称《新资本协议》）。这些监管工具主要从微观出发，防范单体银行面临的风险。

《巴塞尔协议 I》和《巴塞尔协议 II》监管工具注重资本监管，提出了统一衡量资本充足率标准的意见，对不同的资产确定了不同的风险权重，要求银行资本占风险加权资产比例在 8% 以上，建立了一级资本、附属资本和三级资本。在资本计量方法上形成了标准化法、内部评级法、基本指标法、高级计量方法、VAR 模型、压力测试等计量方法。《巴塞尔协议 II》除了信用风险外，还将市场风险和操作风险计入资本充足率计算范围，同时要求各国银行业主管部门加强对本国银行业的监管，确保本国银行资本达标和防范遇到的风险；及时披露资本充足率、风险构成情况，增加透明度，便于市场发挥约束作用，形成了《巴塞尔协议 II》的三大支柱：第一支柱为资本充足率监管，第二支柱是监督检查，第三支柱为市场约束。

《巴塞尔协议 I》《巴塞尔协议 II》提出了一级资本、附属资本、三级资本、风险计量和三大支柱的概念，首次统一了国际资本计量标准，将资产风险纳入资本监管，同时加强监管检查和信息披露，在同一标准和平台上进行银行业监管，是国际银行业监管上的一次创举，具有里程碑意义。但由于其监管宗旨和工具过于关注微观目标和个体银行安全，因而也招致了一些争议和批评。综合各种意见，本书认为，巴塞尔协议 I、II 监管工具的不足之处有三个方面：

　　一是巴塞尔协议Ⅰ、Ⅱ监管工具和理念是以欧洲、美国等发达国家的银行为基础进行设计的，由于各国国情不同、银行业发展水平和阶段不同，即使是同一国银行也有大小之分，承受能力不同，统一的资本充足率标准不一定完全适合各国国情，特别是对于大多数发展中国家来说，实行资本充足率监管后，会变相增加银行业成本，对银行信贷资金规模产生制约作用，影响实体经济特别是中小企业的信贷资金可获得性。

　　二是即使有的国家银行业资本充足率较高，但也发生过银行倒闭事件。1995 年英国巴林银行资本率达到监管要求，但由于交易员克里的违规操作而发生倒闭就是很好的例子。这是因为银行业生存发展受到影响的因素很多，资本充足率并不是唯一的因素，因此，最低资本充足率监管工具也不是万能的。1997 年亚洲金融危机发生，巴塞尔协议也未起到应有的作用，足以说明监管工具过于关注单体银行的安全和微观目标，忽视了银行之间的相互关联，忽视了系统性风险、实体经济发展对银行业的影响，特别是在信息技术快速发展和经济金融全球化情况下，能够导致银行业出现更大的风险。可见即便单体银行是安全的，但整个银行系统也未必是安全的。

　　三是巴塞尔资本监管和标准法、内部评级法度量的准确性值得商榷，同时其使用结果也容易导致顺周期性。表现为在经济上行时期容易导致风险评级较低，从而导致银行业发放贷款增加，进一步加剧经济过热；在经济下行时期容易导致风险评级较高，从而导致银行业发放贷款减少，影响实体经济发展。这两种情况都容易对经济周期性波动产生推波助澜的作用，不利于经济金融的稳定发展。

　　巴塞尔协议Ⅰ、Ⅱ的上述缺陷和不足，使各国对巴塞尔协议的接受和执行程度也不尽相同。直到 2008 年国际金融危机爆发时，美国等发达国家只执行了《巴塞尔协议Ⅰ》，这里面固然有该协议只是提供了国际标准，不具有强制执行力，以及很多国家不是巴塞尔委员会成员等原因，但是不能够真正防范银行业风险，影响实体经济发展和币值稳定应是主要原因。

4.1.2　《巴塞尔协议Ⅲ》监管工具：微观和宏观目标相结合

　　巴塞尔委员会针对 2008 年国际金融危机中暴露的问题及《巴塞尔协议Ⅰ》和《巴塞尔协议Ⅱ》存在的不足，强调逆周期、系统性重要性银行的监管。在工具设计和使用上，开始注重从宏观上防范银行业系统性风险。经过与有关国家和地区的磋商，巴塞尔委员会在新资本协议基础上修改的《增强银行体系稳健性》《流动性风险计量、标准和监测的国际框架》等一系列文件（即《巴塞尔协议Ⅲ》），获得2010年G20领导人首尔峰会批准。具体工具有：一是提高了资本监管的标准。建立2.5%资本留存缓冲，0~2.5%的逆周期资本缓冲，对系统重要性银行还规定增加额外资本要求，目前达成的初步意见是1%，这样一般银行的资本充足率为10.5%，系统重要性银行的资本充足率是11.5%。另外，还对资本充足率标准达标时间提出了分步骤的时间要求，并给予了一定的过渡期。二是提出了杠杆率指标。将一级资本占总风险暴露的比例确定为大于3%，以降低资本风险水平。三是提出流动性监管标准。分成短期和长期两个指标，短期指标是流动性覆盖率（LCR），该指标应大于等于100%；长期指标是净稳定融资比例（NSFR），该指标也要大于等于100%。四是强化全面风险管理。将资产证券化、表外业务、交易账户等业务风险纳入监管范围，加强对信用评级机构的监督和对系统重要性机构的监管，完善对外公布信息制度，对信息披露涉及的监管资本、财务报表数据、资本充足率计算、流动性等作出明确的规定。

《巴塞尔协议Ⅲ》在总结前两个协议不足的基础上，结合2008年国际金融危机暴露出来的问题提出有针对性的措施，体现了微观审慎监管和宏观审慎监管相结合的特点，并且呈现出更加关注宏观审慎监管的发展趋势。例如，核心一级资本的设置，一、二、三级资本的变化，普通股地位的进一步提升，资产证券化、交易对手风险暴露权重的提升等，使风险防控覆盖面进一步扩大，进一步提高了银行的资本充足率水平。0~2.5%的逆周期资本缓冲的建立，有助于防范资本监管的顺周期性；不需要风险权重调整的杠杆率标准的设置，有助于强化风险管理水平；流动性指标的设置有利于银行应对突发的流动性问题，引导银行业在发展过程中注意提高稳定来源的资金，监管范围的扩大有利于进一步提高银行业的风险防范水平和处置能力，进一步增强预见性，表明《巴塞尔协议Ⅲ》在关注微观目标的同时，开始关注宏观目标。然而，由于其过于关注系统性风险防范的单一目标，在世界经济复苏进行仍然缓慢、跨境资本流动日趋活跃、美国量化宽松政策对全球影响进一步加剧的情况下，也招致了一些批评和争议，在巴塞尔协议征求意见过程中，许多专家和成员国提出了一些不同的看法。归纳起来，《巴塞尔协议Ⅲ》的缺陷主要有以下方面：

一是监管工具不分行业和国别，要求一律提高资本数量和质量，影响了银行业向实体经济投放信贷数量，对于危机后各国努力恢复经济，走出危机产生不利的影响。即使银行业安全了，但实体经济没有发展，不利于就业和经济增长，其工具的效果值得进一步研究。

二是监管工具仍不能完全避免金融市场和币值波动。《巴塞尔协议Ⅲ》在逆周期资本监管指标选取等方面主观因素较大，在考察范围有限的情况下，如果不把握好适当的度或判断失误，有可能加剧经济过热，对币值稳定和宏观经济发展将产生不利影响。2012年6月，中国银监会发布了《商业银行资本管理办法（试行）》，规定从2013年1月1日起正式实施，标志着中国已开始执行《巴塞尔协议Ⅲ》。尽管中国银行业资本充足率全部达到《巴塞尔协议Ⅲ》标准，并执行了逆周期资本缓冲、系统重要性银行附加资本，但受外贸出口顺差、产能过剩、监管考核要求和美、日、欧量化宽松货币政策等影响，不时出现热钱流入，2013年6月和12月还分别出现了资金紧张甚至钱荒，人民币汇率不断升值，货币币值稳定压力增大，人民银行多次在货币市场进行回购操作以稳定币值和金融市场。

三是监管工具仍不能完全避免金融风险。随着金融混业经营和金融创新活动不断扩大，银行、证券、保险之间的联系日益密切、交叉日益增多。金融市场一体化快速发展，特别是银信、银保、银证合作，资产证券化、综合经营等业务给巴塞尔协议监管工具带来了新的挑战。同时，《巴塞尔协议Ⅲ》规定了风险加权资产的资本充足率要求，银行或监管当局可根据业务扩张或缩减需要，人为地调整分母上的资产风险系数，从而实现扩大或缩小分母值达到缩小或扩大资本充足率的现象，因而有时候这个指标不可能完全反映资产的实际风险情况，导致监管套利发生，部分银行将资金投向利润率更高的行业和产业，造成经济脱实向虚，市场利率上涨和波动，不利于稳定币值和实体经济发展。

批评和争议的结果是，在G20和FSB要求成员国从2013年1月1日起执行《巴塞尔协议Ⅲ》后，由于担心影响本国经济复苏和发展进程，2012年11月美联储、美国联邦存款保险公司等联合宣布，美国将不会如期实施《巴塞尔协议Ⅲ》，直到2013年在G20峰会成员国的压力下，才表态将于2014年1月1日起执行，但迄今仍没有进展。巴西决定自2010年开始执行最低资本充足率要求，2013 年起执行《巴塞尔协议Ⅲ》杠杆率要求，2016 年起执行资本留存缓冲、逆周期资本缓冲等要求，过渡期过长。

表 4.1　　　　　　　　　　　**巴塞尔协议Ⅰ，Ⅱ，Ⅲ工具比较**

项目		巴塞尔协议Ⅰ	巴塞尔协议Ⅱ	巴塞尔协议Ⅲ	
提出时间		1988 年	2004 年	2010 年	
监管重心		关注微观层面监管目标的实现		微观与宏观监管目标相结合	
主要内容		➢ 资本构成方面：规定资本分为核心和附属，且核心资本大于附属资本存量。 ➢ 风险权重方面：用风险加权的方式核算资本，并按照风险高低进行贷款五级分类。 ➢ 规定最低资本标准要求。	➢ 第一支柱：最低资本要求。细化风险五级划分，将市场风险和操作风险纳入风险防御范围。 ➢ 第二支柱：监管当局的监督检查。用于判断并评估银行面临的风险状况。 ➢ 第三支柱：市场约束。核心是信息披露。	➢ 优化银行资本分类与构成，并对系统重要性银行增加额外资本要求。 ➢ 设立资本留存缓冲和逆周期资本缓冲。 ➢ 提出杠杆率指标：降低资本风险水平。 ➢ 提出流动性监管标准指标。 ➢ 强化全面风险管理。	
具体指标最低要求	普通股充足率	—	—	最低要求	含缓冲最低要求
				4.50%	7%
	一级资本充足率	4%	4%	最低要求	含缓冲最低要求
				6%	8%
	总资本充足率	8%	8%	最低要求	含缓冲最低要求
				8.00%	10.50%
	资本留存缓冲	—	—	2.50%	
	逆周期资本缓冲	—	—	0~2.5%	
	系统重要性银行附加资本	—	—	1%	
	杠杆率指标	—	—	4%	
	流动性覆盖率	—	—	100%	
	净稳定融资比例	—	—	100%	

4.2　多目标下有关国家宏观审慎监管工具比较研究

2008 年国际金融危机爆发后，加强银行业宏观审慎监管，防范银行业系统性风险，促进经济发展和金融稳定已成为广泛共识。为此，世界各国都在积极探索有效的监管政策工具。但由于各国国情不同，银行业在国民经济发展中的地位和作用不尽相同，实施《巴塞尔协议Ⅲ》的进展不一，目前尚未形成统一的银行业宏观审慎监管政策工具。

4.2.1　美国银行业宏观审慎监管工具

2008 年国际金融危机爆发后，2010 年美国出台了《多德—弗兰克华尔街改革与消费者保护法案》，采取了一系列监管工具和措施以防范银行业系统性风险，支持经济复苏。

1. 在防范系统性风险方面。一是构建了系统性风险识别模型，提出了基于风险的资本要求和资本留存缓冲、流动性、杠杆率的要求；二是对信用敞口、信息披露设立了更为严格的审慎监管标准，授权美联储拆分大型、复杂金融机构；三是建立了系统重要性银行标准并要求其定期提交生前遗嘱，对其中拥有与 ABS、MBS 等相关的高风险业务银行采取严格的资本充足率监管；四是要求商业银行定期开展流动性风险压力测试。

2. 在保持市场稳定、防范风险方面。审议了《沃尔克规则》关于禁止银行业从事自营交易、投资、发起对冲和私募股权基金的共同投资超过其核心资本的 3% 的法案。2013 年 12 月美国联邦金融监管机构最终通过了该规则，禁止银行机构从事绝大多数"自营交易"；限制银行机构参与投资对冲基金和私募股权基金等。同时，美国在金融稳定监管委员会下设系统性风险委员会，关注市场流动性和波动性情况。

3. 在支持经济增长方面。按照《多德—弗兰克华尔街改革与消费者保护法案》要求，美国金融稳定监督委员会就美国采取相关宏观审慎监管工具和措施，对美国经济增长和金融市场的效率影响进行评估，就监管的成本与收益进行分析。

4.2.2　英国银行业宏观审慎监管工具

英国十分注重运用宏观审慎监管工具防范银行业系统性风险，体现出很强的风险防范意识。

1. 在防范银行业顺周期方面。2008 年金融危机后，英国对银行业实施逆周期的资本充足率要求，要求银行业必须按照投资风险程度建立相应的资本储备，以应对银行业可能出现破产倒闭或发生严重亏损。在流动性方面，要求商业银行保证两周流出的资金，持有国债、央行储备等，以提高流动性缓冲工具的质量，制定了单一银行流动性充足的原则，采取压力测试等方法对流动性进行监管。

2. 在系统重要性银行监管方面。采用的主要政策工具包括：一是提高了资本数量要求，将一级资本占其风险加权资产的比重确定为 4%，将总资本占其风险加权资产的比重确定为 8%。二是对总杠杆率设立了最高上限，防止银行业过度杠杆化和表外业务过度扩张。三是提高了交易账户的资本金要求。

表 4.2　　　　　　　　　　　国外宏观审慎监管比较

国家	目　标	工　具
美国	防范系统性风险	构建系统性风险识别模型，并提出监管比率要求
		设立更严格的信用敞口、信息披露审慎监管标准
		要求商业银行定期开展流动性风险压力测试
	维护市场稳定	审议并通过《沃尔克规则》，对银行自营交易的业务进行限制
		设立系统性风险委员会，关注市场流动性和波动性
	系统重要性银行监管	加强系统重要性银行的风险防范和资本监管
	支持经济增长	评估经济增长和金融市场的效率，分析监管的成本与收益
英国	防范银行业顺周期	对银行业实施逆周期的资本充足率要求
		制定单一银行流动性充足原则，采取压力测试等方法进行监管
	系统重要性银行监管	提高了资本数量的要求
		对总杠杆率设立最高上限
		提高了交易账户的资本金要求

续表

国家	目标	工具
日本	防范系统性风险	提高银行业资本要求，鼓励银行业修订资本注入计划
		采取流动性水平指标，提升银行业流动性管理水平
		采取适当的薪酬管理措施，防止银行业过度冒险
		加强市场基础设施建设，开发场外交易衍生品结算系统
		对银行持有的证券化产品进行信息披露
	稳定币值	开发预警信用过度膨胀、金融部门承担风险及检测金融系统不稳定指标
	支持实体经济	开发监管工具，使银行更好地分析整个金融系统的资产风险
		防止资本和流动性监管过度可能对实体经济的负面影响
印度	稳定币值	结合货币紧缩、宽松阶段相应措施，调整银行业监管工具
	防范系统性风险	提高最低资本充足率要求
		将政府债券风险纳入风险监管范围
		要求银行考虑市场风险提高资本充足率标准
		将不良贷款拨备覆盖率提高到110%
		实施 0~2.5% 的逆周期资本缓冲及系统重要性银行征收1%的附加资本
巴西	防范系统性风险	提高对超过24个月的城市个人信贷业务的资本金要求
		提高对超过活期及定期存款上限的附加准备金要求
		随着时间的推移将存款准备金由 15% 增加至20%
	加强金融稳定促进经济可持续增长	经济上升周期增加资本充足率和流动性，限制贷款集中度，以便为经济衰退期提供缓冲
		提高银行准备金率以抑制全球流动性过度向国内信贷市场传输
		对特定贷款市场提高资本要求，以纠正贷款发放质量的恶化
		分阶段实施《巴塞尔协议Ⅲ》要求
	稳定币值	对银行短期即期外汇头寸和资金流入征税提出新的存款准备金要求，抑制资本流动波动的强度
		提高金融交易税税率，由1.5%提高至3%

4.2.3 日本银行业宏观审慎监管工具

为了应对 2008 年国际金融危机对日本银行业的影响，日本金融监管部门采用宏观审慎监管工具加强对银行业的监管，支持实体经济发展。

1. 在防范银行业系统性风险方面。一是进一步提高银行业资本要求，设计一个能够充分反映多元业务和不同金融机构特点的、足够的资本充足率，鼓励银行业修订资本注入计划。二是在流动性压力加剧的情况下，采取流动性水平指标，提升银行业流动性管理水平。三是采取适当的薪酬管理措施，鼓励银行业金融机构采取恰当的行动，防止银行业过度冒险，避免一些交易员牺牲股东利益，放大银行业风险。四是加强市场基础设施建设，开发一个关于场外交易衍生品的结算系统，包括信用违约掉期（CDS）。同时，对银行持有的次级抵押贷款和其他相关证券化产品进行信息披露。

2. 在支持实体经济和币值稳定方面。一是开发相应监管工具，使银行能够更好地分析整个金融系统的资产风险，尤其是通过多角度的银行压力测试和新的宏观经济计量模型，分析银行业行为变化对实体经济和资产价格的影响。二是为防止资本和流动性监管过度可能对实体经济发展带来的负面影响，采取措施加强银行业风险管理，缓解银行业顺周期性。同时，要求银行开发一些用于分析信用过度膨胀、金融部门承担风险以及检测金融系统不稳定的预警指标。

4.2.4 印度银行业宏观审慎监管工具

国际金融危机发生后，印度监管当局十分注重使用逆周期监管措施，并结合货币政策防范银行业系统性风险。

1. 结合实施货币政策防范银行业风险、助推货币政策目标实现方面。2008 年以来，印度政府实施银行业审慎监管政策，结合货币紧缩阶段、货币宽松阶段采取相应措施，分别对银行业监管工具进行调整，具体采取的政策工具包括：回购率、逆回购率、存款准备金率、资本市场持仓、住房贷款比、房屋贷款等零售贷款、商业房地产贷款等。

表 4.4 表示印度政府监管部门在实施逆周期监管政策的三个阶段中，随着货币政策调整对特定行业配置要求和风险权重的变化情况。

表 4.3　　　　　印度逆周期审慎监管：不同风险权重和配置要求

时间	资本市场		房地产		其他零售		商业地产		非存款系统重要性的非金融类公司	
	风险权重	配置（%）	风险权重	配置（%）	风险权重	配置（%）	风险权重	配置（%）	风险权重	配置（%）
2004－12	100	0.25	75	0.25	125	0.25	100	0.25	100	0.25
2005－07	125	0.25	75	0.25	125	0.25	125	0.25	100	0.25
2005－11	125	0.40	75	0.40	125	0.40	125	0.40	100	0.40
2006－05	125	1.00	75	1.00	125	1.00	150	1.00	100	0.40
2007－01	125	2.00	75	1.00	125	2.00	150	2.00	125	2.00
2007－05	125	2.00	50～75	1.00	125	2.00	150	2.00	125	2.00
2008－05	125	2.00	50～100	1.00	125	2.00	150	2.00	125	2.00
2008－11	125	0.40	50～100	0.40	125	0.40	100	0.40	100	0.40
2009－11	125	0.40	50～100	0.40	125	0.40	100	1.00	100	0.40
2010－12	125	0.40	50～125	0.40～2.00	125	0.40	100	1.00	100	0.40

资料来源：印度储备银行。

表 4.4　　　　　　　　印度货币政策措施和审慎规范

阶段	政策措施	基点变化		
		货币紧缩阶段（2004.9—2008.8）	货币宽松阶段（2008.10—2009.4）	货币紧缩阶段（2009.10—）
		1	2	3
货币措施				
1	回购率	300	－425	250
2	逆回购率	125	－275	300
3	存款准备金率	450	－400	100
配置要求				
4	资本市场持仓	175	－160	0
5	住房贷款	75	－60	160
6	对房屋贷款等零售贷款	175	－160	0
7	商业房地产贷款	175	－160	60
8	非存款系统重要性的非金融类公司	175	－160	0

阶段	政策措施	基点变化		
		货币紧缩阶段	货币宽松阶段	货币紧缩阶段
		(2004.9—2008.8)	(2008.10—2009.4)	(2009.10—)
		1	2	3
风险权重				
9	资本市场持仓	25	0	0
10	住房贷款	−25～25	0	0～25
11	对房屋贷款等零售贷款	25	0	0
12	商业房地产贷款	50	−50	0
13	非存款系统重要性的非金融类公司	25	−25	0

资料来源：印度储备银行。

2. 在防范银行业系统性风险方面。2009 年 12 月，印度储备银行对商业银行实施审慎监管标准。一是提高最低资本充足率要求，从巴塞尔协议要求的 8% 提高到 9%。二是将政府债券风险纳入风险监管范围，对政府担保的贷款与一般贷款同等对待。三是要求银行考虑市场风险提高资本充足率标准，按投资的 5% 计提。四是将不良贷款拨备覆盖率提高到 110%。五是对银行业实施 0～2.5% 的逆周期资本缓冲，对系统重要性银行征收 1% 的附加资本。

4.2.5　巴西银行业宏观审慎监管工具

为减小 2008 年国际金融危机的影响，2010 年 12 月巴西国家货币委员会（CMN）和巴西中央银行（BC）理事会通过了一系列宏观审慎监管政策措施，以改善原有的监管工具，维护国家金融体系（SFN）的稳定性，实现信贷市场的可持续发展。采取的具体措施包括：

1. 在防范银行业系统性风险方面。一是提高对超过 24 个月的城市个人信贷业务的资本金要求：风险权重指标（FPR）从 100% 增加至 150%，大部分个人信贷业务超过 24 个月，意味着金融机构的资本要求将从原来的

11%增加至16.5%。二是提高对超过活期及定期存款上限的附加准备金要求，从8%提高至12%。三是随着时间的推移将存款准备金由15%增加至20%。

2. 在加强金融稳定、促进经济可持续增长方面。巴西中央银行在2013年3月1日发布了落实《巴塞尔协议Ⅲ》的一揽子方案，以提高金融机构应对外部冲击的能力。具体措施包括：一是在经济上升周期，监管部门要求银行增加资本充足率和流动性，限制贷款集中度、贷款规模、债务收入水平、外汇风险暴露等，以便为经济衰退时期提供缓冲；二是提高银行准备金率以抑制全球流动性过度向国内信贷市场传输；三是对特定贷款市场（主要是消费贷款）提高资本要求，以纠正贷款发放质量的恶化；四是分阶段实施《巴塞尔协议Ⅲ》要求，自2010年开始执行最低资本充足率要求，2013年起执行杠杆率要求，2016年起执行资本留存缓冲、逆周期资本缓冲等要求。

3. 在货币币值稳定方面。对银行短期即期外汇头寸和资金流入征税并提出新的存款准备金要求，以纠正外汇市场失衡，抑制资本流动波动的强度。同时，将金融交易税税率（FTT）由1.5%提高至3%。

4.2.6　多目标下有关国家宏观审慎监管工具应用的国际经验

通过以上有关国家银行业宏观审慎监管工具的比较研究可以发现，2008年国际金融危机发生后，各国均高度重视银行业宏观审慎监管工作，尽管很少国家提出多目标制的银行业宏观审慎监管目标，但其监管工具设计和使用却基本都涉及了防范系统性风险、支持实体经济发展、助推货币政策目标实现等目标。诚然，有的国家涉及的目标多一些，有的国家涉及的目标少一些，说明各国在设计和使用银行业宏观审慎监管工具时，都把促进本国经济发展、货币币值稳定和银行业风险防范作为重要的目标。在多目标框架下，各国宏观审慎监管工具的应用，体现出以下特点：

1. 注重把防范银行业系统性风险作为监管工具的重点。2008年国际金融危机爆发后，关注系统性风险的银行业宏观审慎监管引起世界各国的高度关注，并被世界广泛认同。此后召开的G20领导人峰会和FSB均把宏观审慎监管及系统性风险防范工具作为防范金融危机的重要措施加以推进，体现了逆周期性、系统重要性银行风险防范等特点。各国针对本国银行业可能存在的风险隐患，加强对监管工具的设计，改进微观审慎监管，强化宏观审慎监管，从资本充足率数量和质量标准提升、逆周期资本缓冲、前瞻性拨备、杠杆率、流动性、系统重要性银行、影子银行、市场交易基础设施、央行最后贷款人制度和财政救助等方面进行政策工具设计。根据具体情况选择其中部分工具或其组合开展监管，并且努力通过量化指标、模型设计不断提高风险的识别水平，提高监管工具的可操作性。同时，由于各国国情不同，对于系统性风险监管工具及其指标使用也不尽相同，日本、印度、巴西、美国、英国在监管工具的选择，以及银行业最低资本充足率要求、流动性比率、风险权重、逆周期资本等方面的具体标准和要求，均存在较大的差异。

表 4.5　　　　　　　　国外宏观审慎监管工具比较

国家	防范系统性风险	系统重要性银行监管	支持经济增长	稳定币值
美国	➢ 构建系统性风险识别模型 ➢ 信用敞口、信息披露审慎监管标准更严格 ➢ 商业银行定期开展流动性风险压力测试 ➢ 审议并通过《沃尔克规则》，对银行自营交易的业务进行限制 ➢ 设立系统性风险委员会，关注市场流动性和波动性	➢ 加强系统重要性银行的风险防范和资本监管	➢ 评估经济增长和金融市场的效率，分析监管成本与收益	
英国	➢ 对银行业实施逆周期资本充足率要求，制定单一银行流动性充足的原则，采取压力测试等方法对流动性进行监管	➢ 提高了资本数量的要求 ➢ 对总杠杆率设立上限 ➢ 交易账户的资本金要求		

国家	防范系统性风险	系统重要性银行监管	支持经济增长	稳定币值
日本	➤　提高银行业资本要求，修订资本注入计划 ➤　提升银行业流动性管理水平 ➤　适当薪酬管理措施，防止银行业过度冒险 ➤　加强市场基础设施建设，开发场外交易衍生品结算系统 ➤　对银行持有的证券化产品进行信息披露		➤　开发监管工具，使银行更好地分析整个金融系统的资产风险 ➤　防止资本和流动性监管过度可能对实体经济发展带来的负面影响	➤　开发用于分析信用过度膨胀、金融部门承担风险以及检测金融系统不稳定的预警指标
印度	➤　提高最低资本充足率要求 ➤　将政府债券风险纳入风险监管范围 ➤　银行考虑市场风险提高资本充足率标准 ➤　将不良贷款拨备覆盖率提高到110%，对银行业实施 0～2.5% 的逆周期资本缓冲，对系统重要性银行征收1%的附加资本			➤　结合货币紧缩、宽松阶段相应措施，分别对银行业监管工具进行调整
巴西	➤　提高对超过 24 个月的城市个人信贷业务的资本金要求 ➤　提高对超过活期及定期存款上限的附加准备金要求 ➤　随着时间推移将存款准备金由15%增至20% ➤　经济上升周期增加资本充足率和流动性，限制贷款集中度，为经济衰退时期提供缓冲 ➤　提高银行准备金率以抑制全球流动性过度向国内信贷市场传输 ➤　对特定贷款市场提高资本要求，以纠正贷款发放质量恶化 ➤　分阶段实施《巴塞尔协议Ⅲ》要求			➤　对银行短期即期外汇头寸和资金流入征税，提出新的存款准备金要求，抑制资本流动波动强度 ➤　提高金融交易税税率，由 1.5% 提高至3%

2. 注重通过监管工具的使用促进本国经济发展和币值稳定。美国、日本、印度、巴西等国均把支持实行经济发展、币值稳定作为银行业宏观审慎监管的重要目标。在相关工具使用时，美国就其对经济增长和金融市场的效率影响进行评估，就监管的成本与收益进行分析。日本开发相应监管工具，使银行能够更好地分析整个金融系统的资产风险，特别是监测银行业行为变化对实体经济和资产价格的影响，防止资本和流动性监管过度可能对实体经济发展带来的负面影响。印度政府结合货币紧缩阶段、货币宽松阶段相应措施，分别对银行业监管工具进行调整，维护金融稳定、促进经济可持续增长。巴西中央银行提高银行准备金率以抑制全球流动性过度向国内信贷市场传输，对特定贷款市场（主要是消费贷款）提高资本要求，以纠正贷款发放质量的恶化，对银行短期即期外汇头寸和资金流入征税并提出新的存款准备金要求，以纠正外汇市场失衡，抑制资本流动波动的强度。

3. 注重加强监管部门之间和监管工具间的协调，进一步增强监管工具的效果。由于各国银行业监管体制不同，每个监管部门都有相应的审慎监管工具，为了适应监管新形势要求，相关国家还对现行监管主体进行了改革，有的国家还同时成立了监管协调机制，加强监管部门之间和监管工具之间的协调，以充分发挥监管工具的作用，既避免监管重复、力度过大，又避免监管真空、力度不够，发挥集成效应，提升监管效果。比如，英格兰银行 PRA 负责金融稳定，PRA 和 FCA 分别负责银行业审慎监管和银行业行为监管，组成"双峰监管"模式，PRA 通过对银行业实施逆周期的资本充足率、流动性监管、系统重要性银行监管等，FCA 通过信息披露等工具加强市场监管，金融政策委员会（FPC）从防范系统性风险角度对相关监管工具提出要求，对 PRA、FCA 相关工具进行协调，在实际工作中取得了良好的效果。

4. 注重监管工具的执行进程服从于本国经济发展和货币政策的需要。由于各国经济和银行业发展水平不同，受到国际金融危机的影响不同，各国在设计和使用银行业宏观审慎监管工具时采用的力度和方式有较大区别，加上相关监管政策工具只是针对金融危机中发生的问题所采取的措施，实施效果没有经过实践检验，因而各国均处在审慎执行和探索推进阶段。美国在 2012 年考虑到国家经济复苏进程较慢，实施宏观审慎监管工具、增加银行业资本数量和质量要求，可能对其影响产生不利影响，因而宣布将无限期推迟执行《巴塞尔协议Ⅲ》，并继续实行量化宽松货币政策，发挥货币政策对宏观经济的刺激作用。2013 年底，美国经济复苏向好，失业率回升，于是宣布将于 2014 年 1 月起执行《巴塞尔协议Ⅲ》，同时将逐步退出量化宽松货币政策。

4.3　银行业宏观审慎监管工具及其传导机理

　　银行业宏观审慎监管工具需要通过相应的传导才能够发挥作用，本节在分析中国银行业宏观审慎监管工具的实践基础上，对银行业宏观审慎监管工具的传导机理进行了研究。

4.3.1　中国银行业宏观审慎监管工具的使用现状

　　尽管中国银行业在 2008 年国际金融危机中受到的影响很小，但是中国政府和监管当局高度重视银行业宏观审慎监管工具的设计和使用，认真履行 G20 领导人峰会和加入 FSB、BCBS 的承诺，在综合考虑国内银行改革和发展的实际，经过认真研究后，发布了中国版《巴塞尔协议Ⅲ》，即《中国银行业实施新监管标准的指导意见》，提出了资本充足率、杠杆率、流动性比率和贷款损失拨备四大监管工具。2012 年 6 月发布了《商业银行资本管理办法（试行）》，明确了资本充足率计算和监管要求、资本留存缓冲、系统重要性银行附加资本等监管工具使用办法。同时，开展了差额存款准备金等监管，努力防范银行业系统性风险，促进经济发展，维护货币币值和金融市场稳定。目前，监管当局使用的监管工具主要有：

　　1. 逆周期资本监管。按照《巴塞尔协议Ⅲ》相关规定，要求银行计提资本留存缓冲、逆周期资本缓冲、系统重要性银行附加资本。具体资本留存缓冲标准为风险加权资产的 2.5%，通过核心一级资本实现；逆周期资本为 0 ~ 2.5%；系统重要性银行附加资本为其风险加权资产的 1%，通过核心资本实现。

　　2. 杠杆率监管。为了防止银行过度杠杆化造成资本充足率不足和风险扩大，银监会采取一级资本占经过调整后的银行表内外资产余额的比例大于 4% 作为银行业监管杠杆率标准。针对银行通过表外业务规避资本充足率监管的现象，又出台相关规定，要求商业银行的并表和未并表杠杆率均不能低于4%。

3. 流动性监管。2009年银监会出台《商业银行流动性风险管理指引》，明确银行业的流动性比例要大于等于25%、存贷款比率要小于等于75%、拆入和拆出资金比例分别要小于等于4%、8%。同时按照《巴塞尔协议Ⅲ》规定，引入流动性覆盖比率（LCR，大于等于100%）、净稳定融资比例（NSFR，大于等于100%）指标，从2012年开始实施，进一步加强银行流动性风险的监测和管理。人民银行也根据金融市场资金供求状况适时调整存款准备金率，影响银行业流动性。2014年银监会实施了《商业银行流动性风险管理办法（试行）》，加强对银行业流动性的监管。

4. 贷款损失拨备监管。银监会采用贷款拨备率（贷款损失准备/各项贷款之和），要求不低于2.5%，拨备覆盖率（贷款损失准备/不良贷款），要求不低于150%，两个指标中哪一个指标高就取哪一个。同时，积极探索制定逆周期的动态拨备制度，不断提高银行业资本缓冲能力和拨备充足率。

5. 银行业压力测试。2010年人民银行会同银监会对国内17家大型商业银行和股份制商业银行进行压力测试，监测信用风险、利率风险、操作风险、流动性风险对其利润和资本充足率的影响，考察风险在不同机构间的传递，为保证银行业稳定提供支撑。

6. 实行差额存款准备金动态调整制度。人民银行根据GDP增速、CPI和银行业的风险情况及银行业信贷增长速度，对信贷增长较快、风险较大的银行按季度实行差额存款准备金。

中国银行业宏观监管工具随着银行业和宏观经济发展以及国际银行业监管深化而不断发展完善。比较而言，中国银行业宏观审慎监管工具具有以下优势：一是由于中国银行业一直高度重视金融风险防范，金融产品和工具创新有限，金融衍生品数量不多，风险管理相对较为严格，特别是资本项目尚未开放，利率尚未完全市场化，受境外风险传染影响较小，资本监管工具使用的空间较大。二是20世纪90年代深化银行业改革，剥离银行业不良资产，银行业经营业绩较好，加上2008年国际金融危机对中国银行业影响较小，因而，执行《巴塞尔协议Ⅲ》相关监管工具标准要求和银行业监管工具改革的压力不大。

但是受经济发展水平和信用制度建设等影响，中国银行业宏观审慎监管工具还存在很多不足之处，还需要适应调结构、促转型、防风险的实际需要不断进行调整和完善。一是受金融市场和金融产品发育不完善影响，中国银行业宏观审慎监管工具数量还很有限；二是金融创新能力不强，制约了金融基础设施建设，中国银行业宏观审慎监管工具水平不高；三是分业监管的体制导致监管工具协调和配合程度不高，在一定程度上制约了银行业监管和发展，没有形成支持银行业发展的合力，进而影响银行业发挥支持实体经济发展、防范银行业系统性风险和助推货币政策目标实现的作用。

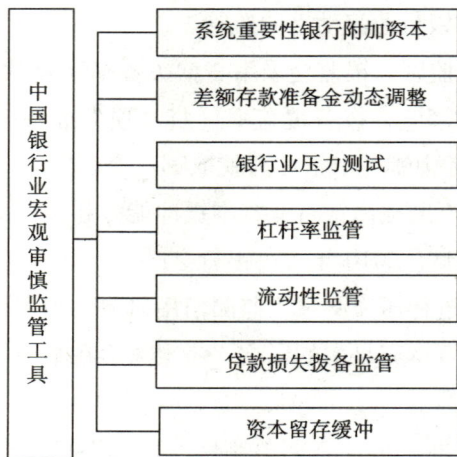

中国银行业宏观审慎监管工具

- 系统重要性银行附加资本
- 差额存款准备金动态调整
- 银行业压力测试
- 杠杆率监管
- 流动性监管
- 贷款损失拨备监管
- 资本留存缓冲

图 4.1　中国银行业宏观审慎监管使用的主要工具

4.3.2　银行业宏观审慎监管工具的传导机理

实现中国银行业宏观审慎监管目标的需要采取相应的工具并实行有效传导。按照丁伯根法则①，国家在调节经济政策使用政策工具时，应统筹考虑政策目标和政策工具之间的关系，政策工具的数量或控制变量数量至少要等于目标变量的数量，并且这些政策工具必须是线性无关的。根据以上对巴塞尔国际

---

① 丁伯根法则是由首届诺贝尔经济学奖得主、荷兰经济学家丁伯根提出的关于国家经济调节政策和经济调节目标之间关系的法则，其基本内容是，为达到一个经济目标，政府至少要运用一种有效的政策；为达到多个目标，政府至少要运用多个独立、有效的经济政策。

监管工具、有关国家银行业宏观审慎监管工具比较研究，结合中国银行业宏观审慎监管的实际，本书认为目前中国能够采用的资本留存缓冲、前瞻性拨备、杠杆率等宏观审慎监管政策工具多达 14 种（详见图 4.2），各政策工具对目标的影响存在着相对的独立性，因此，从理论上分析，运用多种监管工具及其组合可以实现多个宏观审慎监管目标。

本书认为，要实现银行业宏观审慎监管目标，还需要按照"三位一体"目标要求对新开发的监管工具进行衔接搭配，防止出现目标之间的冲突而降低效率，进而实现目标之间的均衡。由于目前还没有成熟的、各国一致公认的通用监管工具，真正开展宏观审慎监管的时间也不长，缺乏足够的数据进行具体的实证分析，故本书主要从监管理念和原则方面对宏观审慎监管目标体系及其与监管工具之间的关系进行理论探讨，研究监管工具的传导机制对监管目标的影响。

银行业宏观审慎监管工具传导机制源自供求决定价格的原理，即当一国货币政策当局采取提高或降低银行资本充足率风险等级、资本留存缓冲水平等措施，影响银行业的资产负债表配置，从而减少或增加银行信贷供给，影响银行信用的可获得性和资金供应总量、价格及成本，进而通过信贷、市场稳定性、融资成本、流动性等中介目标及其组合，最终实现防范系统性风险目标、支持实体经济发展目标和助推货币政策目标实现的"三位一体"目标。银行业监管当局采取政策工具影响中介目标，通过中介目标传导和作用机理见图 4.2。

1. 宏观审慎监管工具使用与防范系统性风险目标的传导机理。监管当局通过使用资本留存缓冲、逆周期资本缓冲、前瞻性拨备等工具，影响银行业的资本成本和信贷投放量，进而适应经济周期要求适当投放信贷；通过信息披露、恢复处置计划、应急可转换安排，给社会公众以合理预期，保持市场稳定性；最终通过信贷和市场稳定性等中介目标的共同作用，实现银行业宏观审慎监管防范系统性风险目标。

2. 宏观审慎监管工具使用与支持实体经济发展目标的传导机理。监管当局通过使用资本留存缓冲、逆周期资本缓冲、前瞻性拨备、差额存款准备金等政策工具，影响银行业信贷总量，使银行信贷资金保持合理的成本和规模；通过行业资本安排、银行业资本充足率风险权重影响银行业融资成本；最终通过

银行业宏观审慎监管工具

中间目标

宏观监管目标

目标体系

资本留存缓冲①

逆周期资本缓冲②

系统重要性银行附加资本③

前瞻性拨备④

杠杆率⑤

差额存款准备金⑥

信贷

信息披露⑦

恢复处置计划⑧

应急可转换安排⑨

市场稳定性

行业资本安排⑩

资本充足率风险权重⑪

融资成本

贷款乘数⑫

借款人债务收入比⑬

流动性比率⑭

流动性

防范系统性风险目标 ①②③④⑤⑥⑦⑧⑨⑪

支持实体经济发展目标 ①②④⑤⑥⑩⑪

助推货币政策目标实现 ①④⑤⑥⑪⑫⑬⑭

"三位一体"银行业宏观审慎监管目标体系

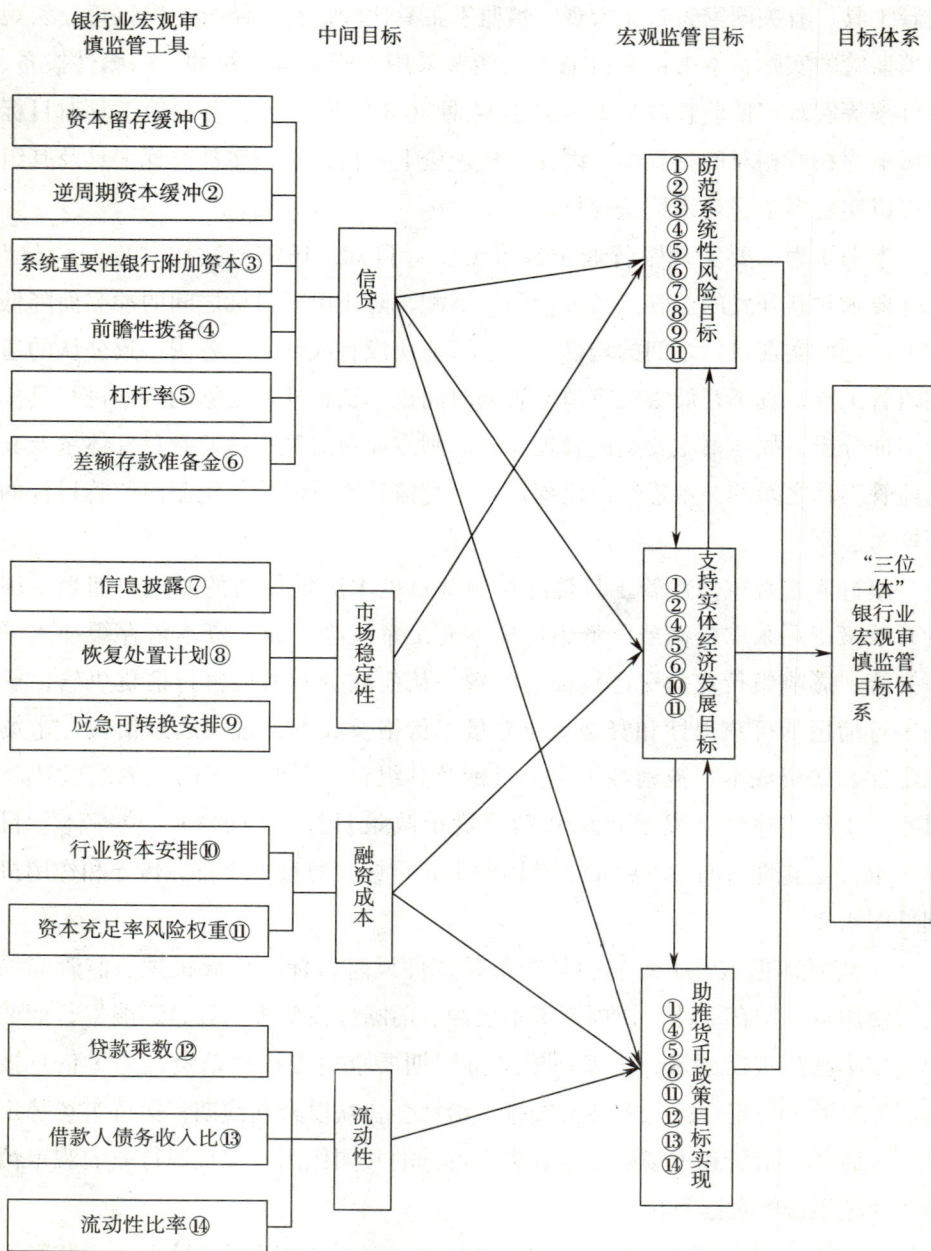

图 4.2　银行业宏观审慎监管工具及其传导机制

信贷和融资成本中介目标的共同作用，实现银行业宏观审慎监管支持实体经济发展目标。

3. 宏观审慎监管工具使用对助推货币政策目标实现目标影响的传导机理。监管当局通过使用资本留存缓冲、前瞻性拨备、杠杆率、差额存款准备金等政策工具影响银行业信贷规模；通过资本充足率风险权重，影响银行业融资成本；通过流动性比率、贷款乘数、借款人债务收入比等影响银行业流动性；最终通过信贷、融资成本、流动性中介目标共同作用，稳定货币币值，实现银行业宏观审慎监管助推货币政策目标实现。

银行业监管当局在实现防范系统性风险目标、支持实体经济发展目标和助推货币政策目标实现目标后，通过三个目标之间的相互作用、相互影响，达到目标之间的均衡，最终实现"三位一体"的银行业宏观审慎监管目标。

4.4　中国银行业宏观审慎监管未来工具设计

根据以上银行业宏观审慎监管工具的传导机理，借鉴国际组织、世界各国的监管工具使用经验，结合我国具体实际，按照"三位一体"银行业宏观审慎监管目标要求，本节分别对相关监管工具的设计进行研究。

4.4.1　中国银行业宏观审慎监管工具设计应把握的核心原则

1. 突出中国银行业的特点。中国以银行业间接融资为主，银行贷款占社会融资总额的60%以上，居主导地位。一方面，业务同质化严重，金融产品雷同，盈利方式主要靠存贷利差，竞争较为激烈。近年来，政府融资平台、房地产贷款、银行理财产品、同业业务、互联网金融业务发展较快，银行关联度显著提升，因此，中国银行业存在一定的系统性风险隐患。另一方面，资本数量和资本充足率水平较高，金融产品比较简单，银行综合经营刚刚起步，金融创新不足，杠杆率水平不高，金融风险总体可控。近年来，实施以控制通货膨胀为主并统筹考虑改革发展要求的货币政策，保持物价基本稳定，但是经济不时过热以及利率、汇率市场化改革的深入推进，将对稳定货币币值带来很大压力。因此，在设计银行业宏观审慎监管工具时，需要考虑到中国银行业的特点，设计相应的监管工具，不断提高监管工具的针对性，使监管工具能够切实起到防范银行业系统性风险、支持实体经济发展、助推货币政策目标实现的作用。

2. 体现中国经济发展要求。中国还处于社会主义初级阶段，市场在资源配置中还未发挥决定性作用，企业信用和市场信用体系还处在起步阶段，在银行业贷款实行担保、抵押制度和创新不足情况下，银行信用风险、市场风险、流动性风险等造成的区域性、系统性风险可能性较小，在宏观审慎监管工具设计时，需要考虑发展是硬道理，充分发挥银行业对实体经济发展的支持作用，处理好防范风险和促进发展的关系，实现防范系统性风险、支持实体经济发展和助推货币政策目标实现的有机统一。

3. 加强与其他政策工具的衔接配合。要考虑到中国金融业属"一行三会"（人民银行、银监会、证监会、保监会）分业监管的实际情况，在加强金融监管部门之间监管工具衔接的同时，要考虑到"三位一体"目标的整体要求，加强监管工具与财政部门、产业部门、对外贸易部门等相关政策工具的配合，搞好工具搭配和组合，形成监管工具的合力和政策合力，防止出现监管工具监管重复和监管真空，影响和制约"三位一体"目标的实现。

4.4.2　防范系统性风险的工具设计

Willian Sharp 认为，证券投资中不能通过资产组合分散的风险是系统性风险。1995 年 Kaufman 等人提出，系统性风险是由某个事件引起的使一系列金融机构和金融市场发生损失的可能性。到 2008 年 Schwaircz 认为，系统性风险指由于某个金融机构的倒闭对金融市场产生巨大波动，并造成严重损失的风险。国际清算行（BIS）认为，系统性风险是一个参与者不能履约引起其他参与者的违约，由此引发连锁反应从而导致广泛的金融灾难的可能性。中国银行业未发生过大的危机，系统性风险与国外不同，系统性风险压力主要表现在，银行业间接融资占社会融资额、同业资产占比较高、同质化较为严重，以及地方政府融资平台、房地产贷款、影子银行、互联网金融等发展较快等。但在监管工具设计时，也需要考虑相关工具实施对实体经济发展和助推货币政策目标实现的影响。因此，中国银行业宏观审慎监管工具中防范系统性风险工具需包括三个内容：

一是实行逆周期监管。通过提高资本充足率风险权重等提高银行资本质量要求，设立 2.5% 银行资本留存缓冲和 0～2.5% 的逆周期资本缓冲等政策工具，采取前瞻性拨备等措施，避免银行在经济上行时风险计量较低、不计提贷款损失拨备，在经济下行时风险计量较高、多计提贷款损失拨备，导致经济上行时信贷扩张、经济下行时信贷紧缩，进一步放大经济周期。

二是加强系统重要性银行的监管。银行业宏观审慎监管可对系统重要性银行增加1%的附加资本，防止其信贷过度扩张，发生系统性风险；实行差额存款准备金，对不同实力和风险的银行，实行不同的存款准备金，以限制其信贷扩张。

三是采取关联性监管。银行业宏观审慎监管通过建立4%杠杆率标准，防止银行通过衍生品扩大表外业务，造成信贷过度扩张，并降低与衍生品行业关联度；实行差额存款准备金，降低银行同业资产占银行业资产的比例，防范银行业发生风险。

以上监管工具针对中国银行业目前主要存在的关联性、间接融资占比过高等风险，监管工具设计的思路是，通过实施逆周期、系统重要性银行和关联性监管工具，抓住主要矛盾。根据银监会公布的资料，2013年我国银行业总资产为151.4万亿元，银行业资本充足率为12.19%，银行业资本金为18.46万亿元，如果按照巴塞尔协议的最高标准实行2.5%的银行资本留存缓冲或逆周期资本缓冲，仅此一项将减少商业银行信贷额0.46万亿元，占2013年信贷规模8.9万亿元的5.18%。假设按照中国银监会不低于4%的杠杆率标准最低值计算，影响商业银行信贷额11.5万亿元，占2013年信贷规模的129%，能够起到调控信贷的目标，因而可以实现防范银行业系统性风险的目标。

4.4.3　支持实体经济发展的工具

从中国银行业发展历史看，银行业从诞生到发展，分别经历了钱庄、银行、跨国银行几种发展形态，是伴随着手工业生产、机械化社会大生产、全球化生产而发展起来的，并为之服务、与之相呼应，可以说，服务实体经济是银行生存和发展根本所在。在现代经济社会生活当中，金融既是一个独立的产业，又是其他产业发展的命脉，金融对于实体经济的意义就像血液对于生命一样重要。马克斯、恩格斯和列宁都曾经就产业资本和银行资本的结合对经济发展所产生的巨大影响进行过论述。因此，需要通过相关监管工具的使用，增加信贷投放，为实体经济健康发展提供动力。

首先，按照《巴塞尔协议Ⅲ》和《中国银行业实施新监管标准的指导意见》，对银行业实行 2.5% 资本留存缓冲，可减轻货币政策逆回购和基准利率调控压力，保证市场价格稳定和信贷资金稳定供应，支持实体经济发展。同时，在经济上行时期对银行业实行 2.5% 逆周期资本留存缓冲、前瞻性拨备措施，从而积累资本供其在经济下行期间吸收损失，避免在经济上行时期信贷过度扩张，在经济下行期间信贷过度减少，产生顺周期性，对实体经济发展产生不利影响。

其次，严格执行杠杆率监管标准，防止银行业过多从事表外业务，将资金用于信托、理财产品、担保债务凭证（CDO）等金融衍生品或流向房地产、地方融资平台等领域，造成经济发展脱实向虚，抬高实体经济融资成本，加剧信贷资源错配，增加银行风险甚至是系统性风险，将资金主要用于支持实体经济发展。

最后，通过调整资本充足率风险权重等影响银行业资本充足率，采取差额存款准备金等方式，实施流动性比率监管，从而对银行业信贷扩张能力产生影响，支持相关行业发展，进而对经济发展产生影响。

据中国人民银行长沙中心支行课题组的实证研究结果，中国实施《巴塞尔协议Ⅲ》，资本充足率每上升一个百分点，将导致我国贷款总量下降 0.95%，经济增长下降 0.56%。[①] 如果不实施 2.5% 资本留存缓冲工具，将释放更多的资金，用于实体经济的发展。当然，实际工作过程中，还可对国家需要扶持的特定行业，如高新技术、节能环保、新能源等产业，降低向其提供贷款的银行资本充足率风险权重或不实施 2.5% 逆周期资本留存缓工具，以增加向这些产业信贷投放；对需要限制发展的"二高一剩"（高能耗、高污染和产能过剩）行业，不再实施资本监管优惠措施。同理，降低资本充足率风险权重也可以增加银行信贷资金的释放，杠杆率标准的执行也可以对银行流动性和从事虚拟业务进行一定程度的限制。为支持"三农"发展，人民银行 2014 年 4 月 23 日宣布，从 4 月 25 日起分别降低县域农商行、农村合作银行存款准备金率 2 个和 0.5 个百分点，大约可释放 1 000 亿元资金。因此，以上三项监管工具的使用，可以起到支持实体经济发展的作用。

---

① 中国人民银行长沙中心支行课题组. 实施巴塞尔Ⅲ对我国经济金融影响研究［J］，金融发展评论，2013（5）。

4.4.4　支持助推货币政策目标实现的工具

保持币值稳定是央行货币政策的首要目标，是促进经济增长的重要职责。货币币值稳定包括货币对内稳定和对外稳定两个方面，对内是指国内物价稳定，对外是指汇率稳定。进入新世纪以来，面对加强基础设施建设要求放松银根的冲动，以及国际收支顺差、外汇大量流入等造成的压力，中国货币政策始终把控制通货膨胀和促进转型升级作为重要目标，灵活运用央票、回购、逆回购等措施调节货币流动性，有力地维护了货币币值稳定。传统的保持币值稳定主要政策工具有存款准备金和利率等，在宏观审慎目标下，需要引入新的政策工具，补充新的手段，本书重点研究币值对内稳定，主要通过银行业差额存款准备金、资本留存缓冲等政策工具，经过中介指标传导，促进货币供求数量和结构平衡，实现保持货币币值稳定，助推货币政策目标实现。

一是实行资本留存缓冲或前瞻性拨备。在货币投放量过多、市场流动性过剩、存在较大资产价格泡沫的情况下，银行业宏观审慎监管通过实行2.5%资本留存缓冲或前瞻性拨备，减少银行业信贷投放量、提高银行业融资成本，从而提高企业融资成本、降低贷款规模，有利于抑制资产价格上涨，保持货币币值稳定。

二是降低银行杠杆水平。对银行业的衍生品交易、交易账户、表外业务等提高资本充足率风险权重要求，严格执行银行业流动性比率和75%的存贷比标准，防止银行业信贷过度杠杆化，引导信贷资金流向实体经济，从而通过适当减少信贷供应保持货币币值。

三是控制流动性水平。通过对贷款乘数（LTV）、借款人债务收入比（DTI）等进行动态调整，实行差额存款准备金制度，控制信贷资金流向国家需要调控的房地产行业、"二高一剩"（高能耗、高污染和产能过剩）行业，防止经济泡沫，保持货币币值。近年来中国为了控制房地产过热，监管部门对房地产贷款实行贷款成数管理（LTV），2010年将首付比例由2成提高到3成，2套房首付比例由4成提高到5成，有力地促进了房地产市场价格稳定。

以上监管工具，主要是针对当前中国货币投放较多的情况，通过实施2.5%资本留存缓冲、资本充足率风险权重、差额存款准备金、流动性比率等措施，控制信贷和货币过度投放，防止造成经济泡沫，影响货币币值稳定和货

		微观审慎监管	宏观审慎监管	三位一体
监管目标	约束发行与保证存款人支付			
监管主体	中央银行	中央银行,分业监管机构	中央银行,分业监管机构,国际协调	国务院金融监管委员会,专门监管机构,国际协调
关注重点	关注单个银行	关注单体银行风险	关注系统银行风险	盈利性、流动性、安全性、资本金、系统重要性银行、经济周期,满足实体经济发展需要,呼应宏观经济发展目标
监管特点	盈利性	盈利性、流动性、安全性	盈利性、流动性、安全性、资本金、系统重要性银行……	关注系统性风险,支持实体经济发展,助推货币政策目标实现
监管工具	存款准备金 最后贷款人	存贷比、单一贷款比率、大额贷款比率、贷款集中度	资本充足率、逆周期资本缓冲、留存资本缓冲、系统重要性银行附加资本、流动性比率……	分别按防范系统性风险、稳定货币币值等目标并进行必要设立工具组合,支持实体经济发展,主要有:资本充足率、逆周期资本缓冲、资本留存附加资本、周期资本缓冲、系统重要性银行附加资本、差额存款准备金、流动性拨备、前瞻性拨备率等,注重发挥财政政策作用、区域政策,与货币政策协调配合。杠杆率、产业政策

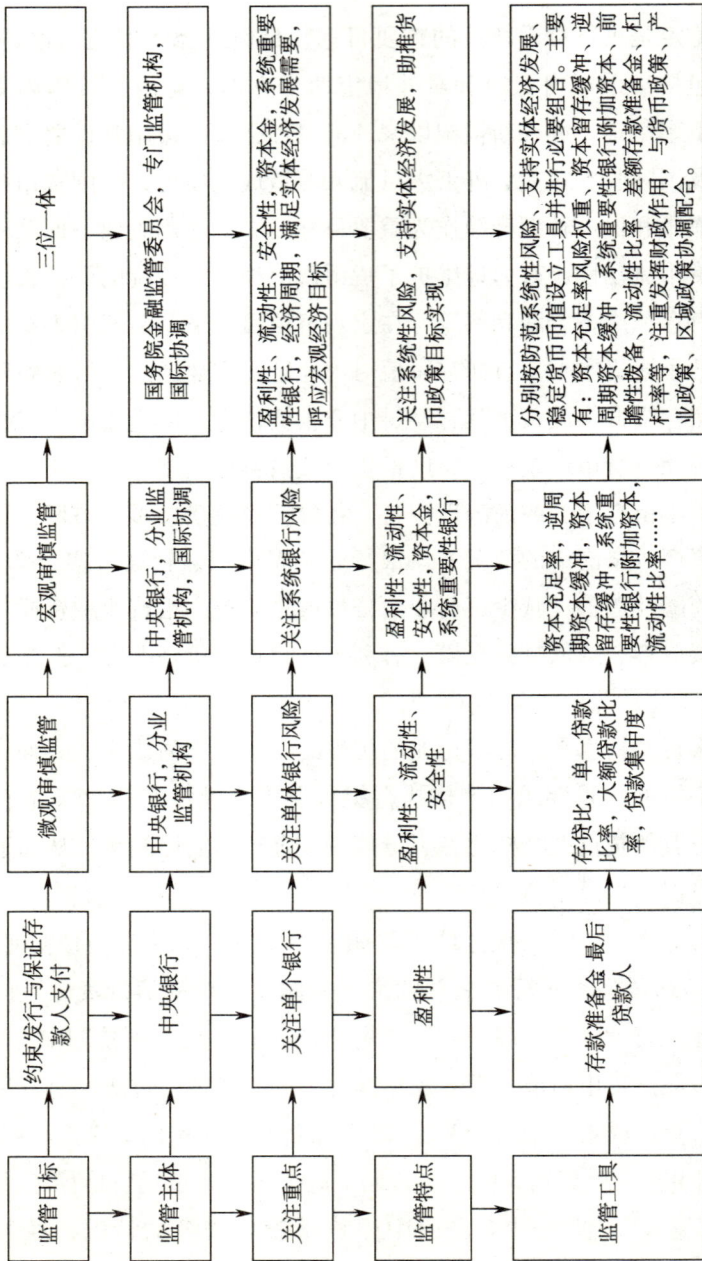

图 4.3　"三位一体"目标、主体和工具演进脉络图

币政策目标实现。根据前面测算，如果对商业银行实行 2.5% 的银行资本留存缓冲或逆周期资本缓冲，按照 4% 杠杆率计算，将减少商业银行信贷额 11.5 万亿元，占 2013 年信贷规模的 129%。再比如，如果对相关银行实行 0.5% 的差额存款准备金，按照 2013 年信贷规模计算将减少信贷投放约 3 500 亿元，冻结 3 500 亿元流动性。2003 年以来，针对中国房地产贷款迅速上升的情况（2013 年达到 2.34 万亿），采取提高贷款乘数等措施，限制房地产贷款上升势头，效果逐步显现。因此，使用以上监管工具，可以调节货币供应量，避免信贷过度扩张、增加经济泡沫，保持币值和物价稳定，实现助推货币政策目标实现的目标。

4.4.5 通过监管政策工具组合实现监管目标体系的平衡

银行业宏观审慎监管三大目标体系中，在中介目标和政策工具使用方面存在一定的交叉和重叠，比如，由资本留存缓冲、杠杆率、差额存款准备金等政策工具构成的信贷中介目标，既服务于防范系统性风险，又服务于支持实体经济发展和助推货币政策目标实现；由行业资本安排和资本充足率风险权重政策工具构成的融资成本中介目标，既服务于支持实体经济发展，又服务于助推货币政策目标实现的目标，这种交叉和重叠的工具作用恰恰表明"三位一体"政策目标的可行性和内在关联性。为了进一步提高监管效率，可以通过对相关政策工具进行适当组合来实现监管目标体系的动态平衡。

具体而言，可以根据不同风险等级预警区间下的目标抉择组合方案，对现有的 14 种监管工具进行搭配组合，避免工具之间的抵触或叠加，以实现集成效应和目标体系的动态平衡。比如在第 1 章情景一的状况下，工具组合的顺序应该以防范系统性风险为首，优先使用逆周期资本缓冲、系统重要性银行的附加资本、前瞻性拨备等政策工具；支持实体经济发展和助推货币政策目标实现为次之，辅助使用行业资本安排、资本充足率风险权重调整、流动性比率等。其他情景也可以采取相应的政策工具组合。

通过以上防范系统性风险、支持实体经济发展、助推货币政策目标实现监管工具的设计分析，可以得出以下结论：在落实国务院关于金融支持实体经济发展、调整经济结构、防范系统性风险和通货膨胀过程中，通过实施资本留存缓冲、杠杆率、差额存款准备金等宏观审慎监管工具及其组合，调节银行业信贷投放，可以实现上述政策目标，探索建立具有中国特色的银行业宏观审慎监管体系。

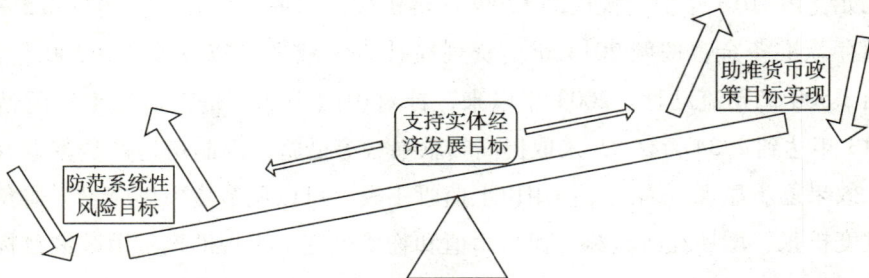

图 4.4 "三位一体"目标体系的平衡

4.5 本章小结

　　本章回顾了巴塞尔协议国际监管工具从微观到宏观的演进，总结美国、英国、印度等有关国家宏观审慎监管工具的使用经验，并在分析实现"三位一体"目标体系的宏观审慎监管工具及其传导机理基础上，结合中国实际情况，对中国银行业宏观审慎监管"三位一体"目标的监管政策工具设计及组合进行了研究。主要结论如下：

　　1. 监管工具的变化需要适应监管目标的要求。《巴塞尔协议Ⅰ》和《巴塞尔协议Ⅱ》监管工具只是关注单个目标的微观审慎监管，《巴塞尔协议Ⅲ》开始关注宏观经济目标的实现，但由于其过于关注系统性风险防范的单一目标，在世界经济复苏进行仍然缓慢、跨境资本流动日趋活跃、美国量化宽松政策对全球影响进一步加强的情况下，也存在一些缺陷和不足，一是《巴塞尔协议Ⅲ》监管工具不分行业和国别提高资本数量和质量的要求不利于实体经济发展；二是《巴塞尔协议Ⅲ》监管工具仍不能完全避免金融市场和币值波动；三是《巴塞尔协议Ⅲ》监管工具仍不能完全避免金融风险。

　　2. 美国、英国、日本等国银行业宏观审慎监管工具设计的经验有三。一是注重把防范银行业系统性风险作为监管工具的重点。各国针对本国银行业可能存在的风险隐患，加强对监管工具的设计，改进微观审慎监管，强化宏观审慎监管，并根据本国具体情况，选择其中部分工具或其组合开展监管。同时，由于各国国情不同，对于系统性风险监管工具及其指标的使用也不尽相同。二是注重通过监管工具的使用促进本国经济发展和币值稳定。在相关工具使用时，就其对经济增长和金融市场的效率影响进行评估，就监管的成本与收益进行分析；使银行能够更好地分析整个金融系统的资产风险，特别是银行业行为变化对实体经济和资产价格的影响，防止资本和流动性监管过度可能对实体经济发展和币值稳定带来的负面影响。三是注重加强监管部门之间和监管工具之间的协调，进一步增强监管工具的效果。

3. 利用丁伯根法则和市场供求定价原则，对中国银行业宏观审慎监管的工具和传导机理进行了研究，明确了中国银行业宏观审慎监管工具的设计原则，即突出中国银行业的特点，体现中国经济发展要求，加强与其他政策工具衔接配合。从防范系统性风险、支持实体经济发展、助推货币政策目标实现"三位一体"目标体系角度对中国银行业宏观审慎监管工具进行了设计，并就其合理性进行了分析。提出中国应通过对相关监管政策工具进行适当组合实现监管目标体系的平衡，在不同的经济发展时期采用不同的工具组合。根据不同风险等级预警区间下的目标抉择组合方案，对现有的 14 种监管工具进行搭配组合，避免工具之间的抵触或叠加，以实现集成效应和目标体系的动态平衡。

5

中国银行业宏观审慎监管的微观基础

实现中国银行业宏观审慎监管的目标，除了有合适的监管主体，合理、高效的监管工具外，金融机构、金融市场、金融价格、金融创新等微观基础发展、运行及规范状况，不仅是银行业宏观审慎监管政策工具能否向微观层面顺利传导的关键，而且影响监管主体的决策，与"三位一体"目标体系有着十分密切的关系，在某种程度上决定"三位一体"目标的实现，研究银行业宏观审慎监管需要研究其与这几个方面的关系。同时，银行业金融机构实现"三位一体"目标受到金融市场的制约，金融市场中价格起关键作用，金融机构、金融市场、金融价格均受到金融创新的影响。伴随着金融创新的快速发展，影子银行、互联网金融对银行业宏观审慎监管的影响也越来越大，处理不好会对局部地区、局部银行业产生较大冲击。因此，本章通过对金融机构、金融市场、金融价格、金融创新及影子银行、互联网金融等银行微观基础与银行业宏观审慎监管"三位一体"目标体系的关系进行分析，力求揭示其如何更好地提升、规范和发展，从而更好地服务于"三位一体"目标体系。

5.1 银行业金融机构：强化内控与结构优化

本节主要研究银行业金融机构与"三位一体"银行业宏观审慎监管目标之间的关系，目前银行业金融机构服务于"三位一体"银行业宏观审慎监管目标体系的差距和应对策略。

5.1.1 银行业金融机构与"三位一体"目标体系的关系

银行业金融机构是银行业宏观审慎监管目标体系最主要的监管对象，是"三位一体"宏观审慎监管目标的具体执行者和完成者，与"三位一体"目标体系之间的关系十分密切。主要表现在：

1. 银行业风险管理水平对系统性风险防范具有重要的影响，"三位一体"目标体系中防范系统性风险主要是银行业风险。银行业的脆弱性决定了银行业是系统性风险的主要来源和风险防范的主要对象，个体是构成行业的细胞，单体银行的风险经过积累蔓延容易演变成银行业系统性风险，特别是银行业资本监管和银行业逐利性行为，也容易导致银行业顺周期性，放大宏观经济周期；系统重要性银行由于规模大、关联度强、比较复杂和活跃程度高，一旦发生风险传播更快、影响更为严重，因而银行业宏观审慎监管非常注重防范系统重要性银行和银行业顺周期性。同时，系统性风险一旦发生，银行业在金融体系中的特殊地位会首当其冲受到影响，波及面和深度会进一步扩大，容易导致整个银行业产生流动性问题及亏损，甚至会发生倒闭。

2. 银行是实体经济融资的主要来源，实体经济发展很大程度上取决于银行业提供的各种融资和投资服务，中国银行业对实体经济提供资金支持超过60%，尤其是中小企业没有能力通过资本市场直接融资，更加依赖于银行信贷资金。实体经济也是银行业赖以生存和发展的基础，实体经济健康发展，银行业也会从中获取一定的利润。因此，实体经济受损，银行业的发展也会受到限制，也会失去市场，失去发展的动力。二者可谓唇齿相依，一荣俱荣，一损俱损。

3. 银行的行为影响助推货币政策目标实现。银行的负外部性和逐利性，使其容易影响货币政策工具的效用，从而对货币政策的传导和最终目标实现产生不利影响。银行为了盈利性目标，常常对传导央行货币政策不积极，或不愿意将货币政策传导到实体经济中，主要表现在几种情形：在房地产领域盈利高的时候，可能对监管部门限制房贷政策导向反应不够迅速，考虑自身的利益较多；对缺少担保的小微企业，研究采取相应支持措施的动力不足；容易将资金变相从事理财产品以及表外业务，抬高资金价格。为应付资本充足率考核需要，每到季末常常冲时点，导致银行业间市场利率虚高，造成货币市场价格波动，民间借贷市场利率上升，资金和物价上涨，产生经济泡沫，影响货币币值稳定和助推货币政策目标实现。从 20 世纪 80—90 年代拉美及亚洲一些国家金融危机的教训看，如果金融市场动荡，货币币值不稳，货币币值波动幅度过大，会影响银行体系稳定，影响民众信心，甚至导致民众挤兑，国内资金和境外流入资金出于避险的目的会很快转移或撤离到境外，导致国内经济发生逆转，货币进一步贬值，给国内金融体系和经济发展将造成沉重打击。

5.1.2　"三位一体"目标体系对银行业金融机构的要求及其适应性

实现"三位一体"银行业宏观审慎监管目标体系的要求，对于银行业金融机构来说，需要其不断提高自身风险防控、服务实体经济发展能力，发挥好稳定币值的主力军作用，更好地发挥银行业宏观审慎监管执行者和完成者的微观基础性作用。

1. 需要银行业金融机构自身具有较强的风险防控能力。银行业金融机构的风险状况和控制能力，特别是系统重要性银行的风险管控能力，直接关系到"三位一体"目标体系中的风险目标实现。银行业宏观审慎监管需要针对银行业金融机构风险强弱变化情况，在监管政策工具设置上予以相应调整，切实做到风险可控。但是，目前中国银行业金融机构在风险管控方面与"三位一体"风险目标的要求，还存在明显的不适应，主要表现在：一是银行业金融机构风险管理不完善，还没有真正形成现代企业制度。二是银行风险承受能力低，业务发展上偏好大企业、大客户。三是对风险识别、隔离、管控能力较低，对"走出去"企业要求交纳出口信用保险，很难提供贷款支持。四是银行业集中度高，2010 年中国五大商业银行总资产在银行业资产中的占比达 49.2%，存贷款的市场占有率也分别在 52% 和 46% 以上，12 家股份制商业银行在银行业中的资产比重达 15.6%，导致银行存贷款业务主要集中在 5 大商业银行和股份制商业银行，容易产生系统性风险。

2. 需要银行业金融机构提升服务实体经济发展水平。支持实体经济发展是"三位一体"目标之一，是各国共同关心的话题和普遍需要解决的问题，实体经济发展关系到信用风险，进而影响系统性风险，最终影响国民经济和社会发展，是各国追求的共同目标，英国、美国等国也通过向银行业提供相应的政策支持其向相关行业和产业提供贷款。因此，"三位一体"银行业宏观审慎

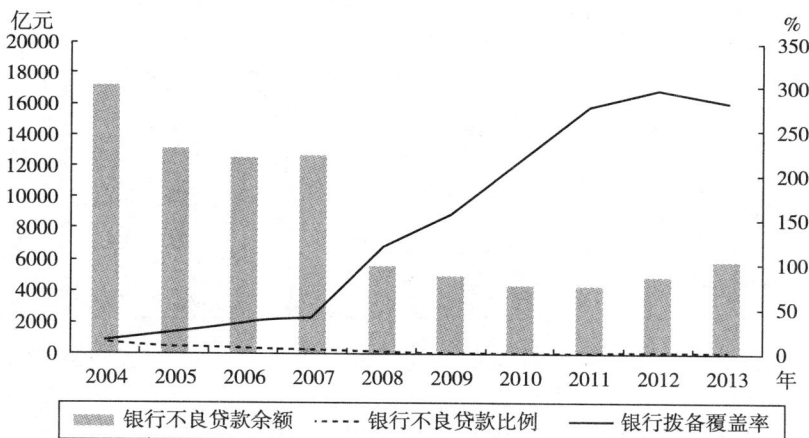

图 5.1　银行业不良贷款余额与拨备覆盖率情况

监管目标需要银行业金融机构把服务实体经济发展作为重要方向，不断提高服务实体经济发展水平。如果实体经济发展不好，"三位一体"目标体系的监管主体需要对相关监管工具和指标进行调整，以维护目标体系的均衡。但目前银行业在服务实体经济发展过程中还存在一些矛盾：一是对企业信贷原则上要求百分之百担保抵押，不利于实体经济融资，甚至有的贷款还以存款为条件才能发放。二是银行业区域分布不均衡，中国银行业结构研究课题组经过研究表明，中国银行业金融机构网点最多的地区是东南部地区和中部地区，分别为37.7%和21.3%，GDP 排名后 10 位省市银行业金融机构的网点数仅占15.8%。区域分布不均导致中西部地区和广大农村地区金融服务不足，资金需求往往得不到及时满足。三是银行片面追求利润，为降低成本和维护资金安全，将服务对象大多定位在大型企业和能源、铁路、电力等垄断性行业，不屑于给中小企业和农村地区经济发展融资。

3. 需要银行业金融机构助推货币政策目标实现。银行业在国家货币政策调控和币值稳定中起着十分重要的作用。货币政策目标特别是货币币值稳定需要银行业金融机构认真执行存款准备金和银行业经营发展方面的规定，特别是要落实国家货币宏观调控及产业政策等要求，处理好盈利性、流动性与安全性关系，保持合理的流动性，不能为了自身盈利目的变相从事"脱实向虚"的业务，抬高资金价格。但是，中国银行业金融机构目前与这一要求还存在差距，一些银行业金融机构往往从自身利益和视角出发，仍大量从事于国家进行

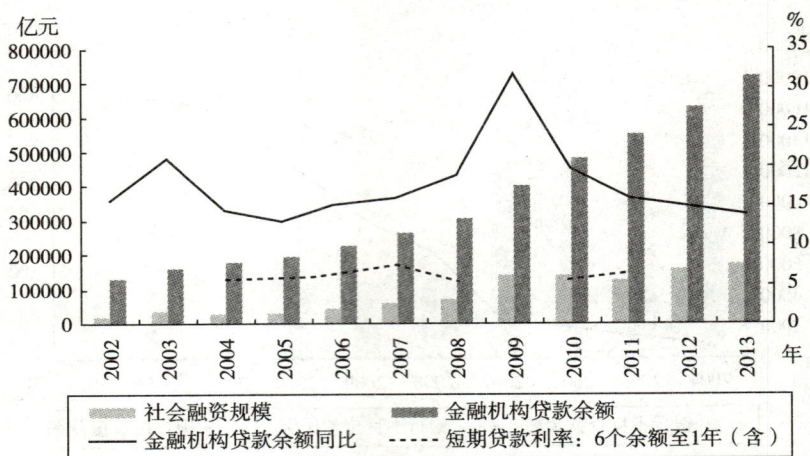

资料来源：Wind 资讯。

图 5.2　金融支持实体经济情况图

调控的房地产、地方融资平台领域，以及风险较大的银行理财产品等方面业务，造成资金游离于实体经济之外，引起同业拆借资金市场利率大幅上涨，对货币政策调控产生了一定的抵消作用，不利于货币币值稳定，影响货币政策目标实现。

5.1.3　银行业金融机构实现"三位一体"目标体系的策略

为了充分发挥银行业金融机构在"三位一体"目标体系中的作用，需要进一步深化银行业监管和管理体制改革，进一步扩大银行业对内对外开放，推动银行业金融机构更好地实现"三位一体"目标。

1. 进一步完善银行业金融机构内控。内控是银行业按照相关规定，通过实施相应的规定和办法，对风险管理进行事前、事中和事后管理，是银行业宏观审慎监管防范系统性风险的第一道防线，巴林银行、瑞士银行和兴业银行"魔鬼交易员"违规操作分别引发 14 亿美元、20 亿欧元和 71 亿欧元的损失；美国摩根大通银行交易员布鲁诺·伊克希尔（绰号"伦敦鲸"）违规进行信用衍生品合约交易导致摩根大通银行在短短 6 周内亏损 20 亿美元，这些案例足以证明内控对于防范银行业风险的重要性。巴塞尔银行委员会十分注重银行内控问题，将银行业内控目标分为合规性、操作性和信息性目标。陈元燮

（1998）、李明辉、王学军（2004）、周正兵（2005）提出，中国银行业内控效率较低，信息披露不及时，缺乏相应的标准，监管方法和手段不适应风险防范的要求。针对银行业脆弱性特点，应注重发挥监管的激励作用，针对风险的不同特点采取不同的控制方法，比如市场风险采用 VAR 模型法，操作风险则采取加强审计等方法，并进一步完善银行业内部控制制度、合规管理、监管检查、监测评价、决策程序机制，落实内控责任，促进银行业金融机构实现自我管理、自我控制，不断提高银行业的内控水平，建立起适合银行业特点和风险防范要求的业务管理、风险管控、财务管理、内部审计、人事管理体系，加强信息披露，规范银行年度报告，接受全社会的监管。同时，通过风险为本的监管促进银行业完善治理结构，推动商业银行加快建立现代企业制度，加快银行业股份制改造，完善法人治理结构，实现所有权、经营权和监督权分开，避免少数人说了算。

表 5.1　　　　　　　　有关国家银行内控不足导致的巨额亏损事件

时间	交易员	事　件
1969—1994	智利铜业公司朱安·戴利维亚（Juan Pablo Davila）	在 1989 年到 1994 年间，未经授权参与多次铜期货交易，导致国有智利铜业公司亏损至少 1.7 亿美元
1984—1995	日本大和银行井口俊英（Toshi-hide Iguchi）	违法从事国债交易，造成 11 亿美元的亏损
1991—1996	日本住友商社滨中泰男	未经批准从事铜的期货交易，造成 19 亿美元的亏损
1992—1995	英国巴林银行尼克·利森（Nick Leeson）	未经批准购买 70 亿美元日本股指期货，导致 14 亿美元亏损并造成巴林银行倒闭
1996—2001	联合爱尔兰银行约翰·拉斯纳克（John Rusnak）	伪造文件，导致银行损失 7 亿美元
2007—2008	法国兴业银行杰洛米·柯维尔（Jerome Kerviel）	擅自动用大约 728 亿美元做空欧洲股指期货，导致该行亏损 71 亿美元
2008—2011	瑞士银行奎库·阿多博利（Kweku Adoboli）	违法使用 ETF 头寸放大交易额，导致瑞士银行亏损 20 亿欧元

资料来源：根据《英国金融时报》《华尔街日报》《第一财经周刊》等资料整理。

2. 优化银行业金融结构。银行业结构优化、适度竞争对于防范系统性风险和支持实体经济发展具有双重作用。Berger and Udell（2002）通过对大小银行进行比较论证后提出，大银行在为大企业融资方面具有比较优势，小银行在为小企业融资方面具有比较优势。目前中国银行业金融结构不尽合理，截至2011年底，中国国有大型商业银行5家、股份制商业银行12家、城市商业银行144家、农村商业银行212家、农村合作银行190家、农村信用社2265家，[①] 其中5家大型商业银行资产占银行业金融机构总资产和存贷款数量比重均在40%以上，在行业中居于垄断有地位，不利于银行业金融机构充分竞争、防范风险和支持实体经济发展。

一是应通过实施差异化监管政策，支持中小银行发展。在差额存款准备金、资本充足率风险权重标准、逆周期资本留存缓冲等方面向中小银行倾斜、放宽相应的标准，增强中小银行实力和发展后劲，使其能够与大型商业银行之间进行适度竞争，从而增强银行业抗风险和支持实体经济发展能力，解决中小企业融资难、融资贵问题，扭转大型商业银行价格垄断以及信贷业务风险过于集中问题。同时，要防止银行业金融机构争相拉存款、抬高利率引发恶性竞争，可能影响银行业安全，产生金融风险。

二是允许民间资本涉足银行业，促进银行业金融机构多元化发展。随着行政审批制度改革进一步深化，企业设立由审批制改为登记制，进一步激发了市场活力，中国经济经济主体数量不断增多，中小企业、个体工商户资金需求强烈。工业化、信息化、城镇化和农业现代化建设，国有企业、民营企业和外资企业也需要多层次的银行体系为其服务。根据上一节的分析，目前大的银行业金融机构特有的优势和经营行为容易对银行业宏观审慎监管工具传导和监管效率产生不利影响，不利于防风险、促发展、稳币值，因此，进一步扩大银行业对内对外开放步伐，允许民间资本进入银行业，大力发展自担风险的民营银行和小型银行，进一步优化银行结构，构建多元化、多种所有制并存的银行业金融机构体系，促进银行业适度竞争，进一步优化信贷结构，支持节能减排和产业结构调整，支持中小企业发展，促进银行业宏观审慎监管支持实体发展目标的实现。目前，试点设立民营银行工作已经启动，

---

① 中国银监会2011年年报。

阿里巴巴等 10 家民营企业参与组建 5 家民营银行已获批准，还需要加大力度。

3. 推动银行业金融机构积极传导国家货币政策从而维护币值稳定。中国基础货币和信贷资金投放一般是通过商业银行和其他金融机构进行的，商业银行资金需求状况将对中央银行货币投放政策产生较大影响。应通过政策引导、窗口指导、监督检查等方式，引导银行业金融机构积极传导国家货币政策，避免银行业金融机构将资金投向房地产、理财产品等高盈利领域，导致这些领域挤占实体经济信贷规模引起利率上升、货币需求上升，从而使央行被动投放货币，造成流通中货币投放过多，影响币值和物价稳定问题；限制银行业金融机构为了满足考核需要集中到银行间市场拆借资金，引发利率上涨，以维护币值稳定，助推货币政策目标实现。

5.2 金融市场：完备功能与效率提升

本节主要研究金融市场与"三位一体"银行业宏观审慎监管目标之间的关系，金融市场服务于"三位一体"银行业宏观审慎监管目标体系的差距和策略。

5.2.1 金融市场与"三位一体"目标体系的关系

金融市场中货币市场和资本市场分别是短期资金和长期资金融通的场所，金融市场发育水平、运作效率在一定程度上影响银行业宏观审慎监管"三位一体"目标体系实现。

1. 金融市场流动性影响防范系统性风险目标的实现。金融市场发育完善，金融市场效率较高，能够便利、快捷地调节市场资金增强市场流动性，有助于银行业提高经营效率，实现资金供应者和需求者有效对接，解决流动性问题，避免出现流动性过度膨胀或紧缩引发银行业风险，甚至是系统性风险。银行业系统性风险防范到位也有助于金融市场配置资源，提高金融市场效率和银行业经营效率，促进金融市场健康发展，增强市场流动性，实现资金供求总体均衡。

2. 功能完备的金融市场能够为实体经济提供投融资场所，能够提供足够种类的金融商品和服务，解决实体经济发展所需资金，从而支持实体经济发展，促进银行业宏观审慎监管支持实体经济发展目标的实现。金融市场发育不良、功能不全，特别是资本市场发展滞后，产品较少，市场分割，不能满足实体经济融资需求数量和时效要求，不利于"三位一体"支持实体经济发展的目标实现。反之，实体经济健康发展，企业信用上乘，有助于活跃金融市场，丰富金融市场产品种类和数量，推动金融市场健康发展，双方形成良性互动的关系。

3. 金融市场中的货币市场是国务院金融监管委员会进行货币调控的重要场所，银行业宏观审慎监管通过相应监管工具运用，增加或减少货币供应数量，实现货币政策工具传导和中介目标，影响货币币值变化，助推货币政策目标实现。货币政策目标中货币币值稳定将增强对资金价格的预期，有助于货币市场发展，如果币值波动较大，将会导致游资炒作、资金价格大幅流动，对货币市场和经济健康发展产生不利影响。

5.2.2 "三位一体"目标体系对金融市场的要求及其适应性

从以上金融市场与"三位一体"银行业宏观审慎监管目标之间的关系分析可以看出，"三位一体"银行业宏观审慎监管目标的实现需要金融市场密切支持和配合。

1. 防范系统性风险目标需要金融市场功能完备，能够及时提供流动性，及时解决银行业所需资金，避免由于银行业产生流动性问题造成系统性风险。但当前中国的金融市场离这一要求还有较大差距，主要表现在：企业在一级市场融资困难，各种不增加实质性内容的市场空转影响金融市场流动性，特别是各种理财产品、信托产品、基金产品，进入货币市场不增加资金总量却抬高利率，提高银行融资成本，也影响实体经济发展，如果实体经济受损严重，将引发信用风险，最终导致系统性风险。同时，金融市场化程度低，缺乏多样化的金融工具，不利于转化和分散风险，使风险主要集中在银行。

2. 支持实体经济发展目标需要金融市场高效运行，市场在资源配置中起决定性作用，形成多层次、全方位的市场体系，使市场资金尽快转化为投资，

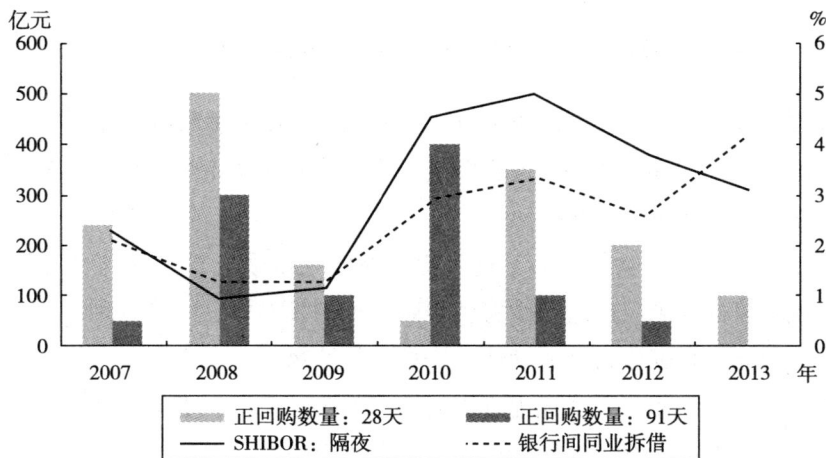

资料来源：Wind 资讯。

图 5.3 货币市场走势图

方便实体经济融资。为了实现银行业宏观审慎监管支持实体经济发展目标，需要努力培育金融市场体系，在金融市场不能够满足实体经济融资需求时，监管主体需要对监管工具进行调整，比如金融市场低迷时，可取消对银行业实施逆周期资本缓冲监管工具，以避免对实体经济发展产生影响。目前存在的主要差距是，企业主要通过银行间接融资，直接融资数量较少。2006 年以来股票市场长期低迷制约了新股发行，2012 年非金融企业通过股票融资额仅为 2 507 亿元，场内市场投机盛行，股票价格波动较大，不利于金融体系安全稳健运营，使实体经济通过股票市场融资受阻。在直接融资中，国有企业比例偏高、民营企业比例偏低。金融市场发育不够完善，金融市场创新与国外比还显不足，金融产品和金融工具比较单一；受分业监管、分业经营管理体制制约，银行、证券和保险等分开，银行业不得从事证券业，没有实现全国统一市场、互联互通，金融市场效率不高。

3. 助推货币政策目标实现需要金融市场上银行产品价格及时对各类信息作出反应，能够及时传导央行公开市场业务、再贴现、票据市场政策，及时反映市场供求状况，调节市场资金余缺，推动市场资金供求保持大体平衡，促进货币币值稳定。但实际工作中，由于金融市场上供求双方约束性不强，容易造成价格波动或扭曲，不利于货币币值稳定。

5.2.3　金融市场服务于"三位一体"目标体系的策略

金融市场服务于"三位一体"目标体系，应围绕规范市场发展，建立层次多样的市场，提高市场的广度和深度，不断完备金融市场功能，提升金融市场的效率等进行改革和深化。

1. 完备金融市场功能。为了适应银行业宏观审慎监管"三位一体"防范系统性风险目标要求，应进一步完善金融市场的投融资、风险管理、服务、信息传递等功能，增强银行业流动性、降低银行业风险压力。同时，规范银行同业拆借市场发展，使其发展成为真正的银行间头寸市场，支持短期票据市场发展，完善中央银行回购、逆回购操作。加强货币市场、资本市场等各金融市场子市场协调发展和合作互动，进一步拓宽融资方式和融资渠道，增强金融市场流动性，让货币市场真正成为一个解决流动性、融资问题的重要场所。

2. 进一步提升金融市场的效率。围绕增强金融市场的广度和深度，积极发展多层次的金融市场，满足不同主体的融资和投资需求，同时加快形成中国的基准利率，提高资金配置效率，促进实体经济健康发展。

一是适应银行业宏观审慎监管"三位一体"支持实体经济发展的要求，发展多层次的资本市场，解决目前企业融资方式单一，融资成本较高等问题。发挥资本市场信用较为灵活，成本较低，风险缓冲形式较多的作用，加强债券、股票、期货、场内、场外、期权、公募、私募市场协调发展，建立统一的交易和监管规则，加强各市场之间互联互通。在此基础上进一步发展股票、债券、期货、期权市场的子市场，促进新三板扩容、中小企业板、资产证券化、优先股、可转换债、场外产权交易、企业债、金融债等发展，形成多层次的资本市场体系，促进直接融资快速发展，降低企业融资成本，满足企业不同阶段融资需求，提高金融市场运行效率，支持实体经济发展。

二是加快形成基准利率。围绕利率市场化，打造能够反映市场资金供求的利率形成机制，形成具有市场化运作的基准利率。改变目前一年期银行存款利率、银行同业拆借利率、央行票据发行利率和国债回购利率多种利率并行的局面，按照国家建设上海国际金融中心的目标要求，把上海银行间同业拆借利率（SHIBOR）培育成中国的基准利率。其一，增加报价银行成员单位，创新SHIBOR基准产品种类，扩大拆借交易规模，不断提高对货币市场利率走势的

影响力；其二，推动利率产品定价与 SHIBOR 挂钩，在出台相关利率产品市场化政策时应先用 SHIBOR 进行试点，分别与短期市场产品、中长期产品市场、短期融资券利率、贴现利率挂钩，与一年期银行存款利率、银行同业拆借利率、央行票据发行利率和国债回购利率确定挂钩，不断发挥 SHIBOR 的基准利率作用；其三，不断开发新的 SHIBOR 品种，发挥对利率价格形成机制的引领作用，提高 SHIBOR 报价的科学性，扩大 SHIBOR 报价范围，提高利率传导效率。通过以上措施，不断提高 SHIBOR 对利率生成机制的影响力，进而实现通过 SHIBOR 影响货币市场利率，货币市场利率影响银行存贷款利率，最终形成类似英国 LIBOR、美国联邦基金利率的中国基准利率，提高中国金融市场的效率。

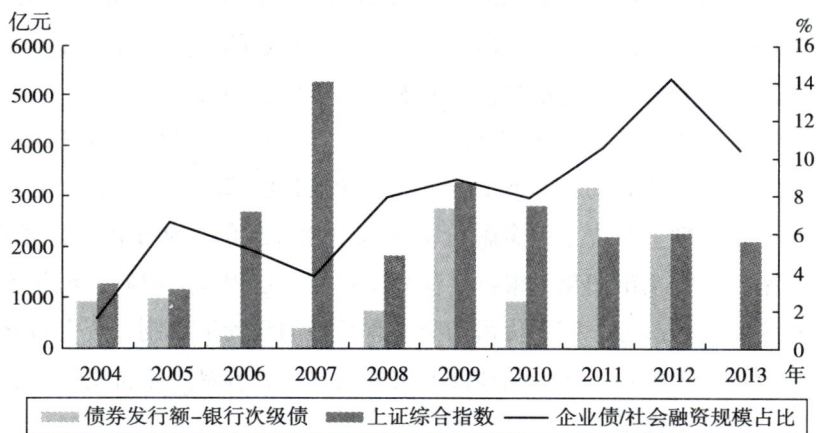

资料来源：Wind 资讯。

图 5.4　资本市场走势图

3. 逐步建立健全反映市场供求关系的国债收益率曲线。为了适应银行业"三位一体"助推货币政策目标实现的目标要求，应进一步完善债券市场，积极支持企业债、金融债、国债、公募债券、私募债券、次级债、资产证券化等业务发展，提高民营企业、中小企业等发行数量，促进债券市场主体的多元化。在此基础上探索增加国债发行的规模和种类，稳步提高国债发行在债券市场的比例，逐步建立反映市场供求关系的国债收益率曲线，促进货币市场基准利率的形成，进而实现助推货币政策目标实现。

5.3　金融价格：市场定价与均衡

本节主要研究金融价格与"三位一体"银行业宏观审慎监管目标之间的关系，"三位一体"银行业宏观审慎监管目标体系对金融价格的要求、差距和应对策略。

5.3.1　金融价格与银行业宏观审慎监管的关系

Eugene F. Fama 关于市场效率理论提出，市场有效性为市场信息可及时完全地反映在价格上。Goodhart（2004）、Mishkin（2009）、Bernanke（2012）提出，在新的经济金融形势下，价格稳定只是金融稳定的必要条件，而不是充分条件。由此可以看出金融价格与银行业宏观审慎监管的关系。

1. 金融价格变化容易影响银行业流动性，容易加大银行业市场风险，影响银行业宏观审慎监管防范系统性风险目标的实现。2008 年国际金融危机的发生，从某种程度上来说是因金融价格大幅变化导致的。从中国实际情况看，利率、汇率没有完全市场化，银行存款利率存在一定程度的限制，汇率实行以市场供求为基础、参考一篮子货币调节、有管理的浮动汇率制，资金价格没有完全反映市场供求关系，在受到外部冲击的情况下，容易产生价格波动，造成市场风险，甚至引发系统性风险。

2. 利率、汇率决定着实体经济的成本，影响银行业宏观审慎监管支持实体经济发展的目标实现。利率过高会加大实体经济融资成本，抑制投资，限制实体经济发展；反之，利率过低容易导致投资过热，产生经济泡沫，产生顺周期性，引发经济和金融风险。同时，实体经济发展状况对利率、汇率也会产生一定的影响。假设实体经济处于发展期，对资金需求较多容易导致利率上升，出口增加使汇率处于升值势头。假设实体经济处于衰退期，对资金需求下降，利率呈下降趋势，出口减少，人民币汇率呈贬值趋势。

3. 金融价格变化特别是货币市场价格变动影响银行业宏观审慎监管助推货币政策目标实现。按照凯恩斯关于利率由货币供求决定的理论，市场利率偏高，货币市场会增加资金供应，抑制资金需求，导致货币市场资金供大于求，同时容易导致游资进入套利，引起货币汇率升值；如果利率偏低，货币市场会减少资金供应，抑制资金供给，导致货币市场资金求大于供，同时容易导致外资撤离，引起货币贬值，导致汇率风险。另外，如果货币币值不稳，容易引起货币市场价格发生变化，对于市场利率和人民币汇率变化将产生一定的影响。

5.3.2 "三位一体"目标体系对银行业金融价格的要求及其适应性

服务"三位一体"目标，要求金融价格富有弹性，反映供求关系，做到市场定价，实现利率和汇率市场化。

1. 防范系统性风险目标需要金融价格富有弹性，增强银行的自主定价权，改变银行同质化经营的现状，实现差异化发展，开展良性竞争，降低银行业受到外部资金市场供求变化的冲击风险。但目前与此要求还不相适应，对存款利率实行上限管理，银行业及其他行业为了追求高额利润，将资金转向高收益的理财产品和信托业务等，造成资金短缺，银行间拆借利率和贷款利率虚高，进而给民间借贷、影子银行等不规范的金融业务快速发展带来机会，不仅加剧了实体经济的融资困难，融资成本上升，而且容易引起实体经济发生信用风险和资金断裂风险，增大了银行业风险，甚至是系统性风险。

2. 支持实体经济发展目标需要金融价格客观反映供求关系，能够实现完全市场化，便于实体经济按照市场价格获取所需资金，一方面可以降低融资成本，另一方面可以及时获取资金，解决融资难、融资贵问题。同时，有利于通过利率反应市场供求，避免某些行业的盲目扩张，促进经济结构调整。但目前离这一要求还有很大差距：一是受卖方市场影响，贷款利率上下浮动权主要掌握在银行手中，实体经济特别是中小企业在与银行业贷款利率谈判中处于不利地位，据中国人民银行统计，2013 年 1—12 月银行业金融机构人民币贷款比例上浮占比达 60% 以上，下浮仅超过 10%，执行基准利率占 20% 多（见表5.2），足以说明实体经济在与银行业谈判中处于不利地位；二是中国股票、债券市场和金融衍生品市场还很不完善，对国债发行利率还存在一定的管制，市场发现价格的机制没有形成；三是外汇汇率形成机制没有完全市场化，不利于实体经济融资和统筹发展需要从事进出口贸易活动，不利于提高技术水平和应对外部市场变化。在此情况下，银行业主要靠存贷款利差方式获取利润，很少考虑实体经济需求，尽管利率可在规定的区间内上下浮动，但银行业总是倾于按照对自己有利的方式进行浮动，导致实体经济在价格谈判中处于不利地位，获取资金成本没有完全反映供求关系，不利于实体经济降低成本和健康发展。特别是在银行业存在垄断的情况下，其很少考虑以优惠利率支持实体经济发展。

表5.2　　　2013 年 1—12 月金融机构人民币贷款各利率区间占比（％）

月份	下浮	基准	上浮					
			小计	(1.0, 1.1]	(1.1, 1.3]	(1.3, 1.5]	(1.5, 2.0]	2.0 以上
1 月	10.62	25.08	64.30	19.84	25.23	7.87	8.28	3.07
2 月	11.69	25.05	63.26	19.57	23.96	7.88	8.83	3.02
3 月	11.44	23.79	64.77	19.55	24.71	8.15	9.28	3.09
4 月	10.56	23.53	65.91	18.96	25.52	8.96	9.23	3.24
5 月	11.89	22.45	65.66	19.65	25.92	8.84	8.46	2.79
6 月	12.55	24.52	62.93	19.47	24.95	7.95	8.04	2.52
7 月	10.54	23.32	66.14	19.99	27.07	8.61	7.96	2.51
8 月	10.23	21.95	67.82	19.70	27.33	9.46	8.60	2.73
9 月	10.70	23.31	65.96	19.55	26.58	9.33	8.03	2.46
10 月	9.81	24.23	65.96	19.85	26.26	8.86	8.41	2.58
11 月	10.41	24.09	65.50	19.13	26.15	8.90	8.45	2.87
12 月	12.48	24.12	63.40	17.89	24.66	9.64	8.55	2.66

数据来源：中国人民银行。

3. 助推货币政策目标实现需要实现利率、汇率市场化，使利率、汇率能够反映货币市场供求和国际收支状况，通过供求和国际收支决定货币市场价格，从而促进货币币值稳定。但目前离此目标还有一定的差距。目前中国货币市场基准利率缺乏有效形成机制，1996 年开始建立全国统一拆借利率（CHI-BOR），2007 开始着力培育上海银行间同业拆借利率（SHIBOR），但由于会员数量有限、交易量和频率较低，没有完全反映资金供求双方的实际，没有形成统一的基准利率，造成货币市场利率时而大幅攀升或时而下跌。多年来中国对外贸易长期顺差，外汇储备水平居高不下，导致人民币汇率升值压力较大，人民银行为了维护人民币汇率稳定，只好增加人民币供应量对冲美元外汇储备以减缓人民币升值压力，被动干预外汇市场。国内外实践证明，本币持续坚挺或疲软，都酝藏着一定的风险，需要引起重视。

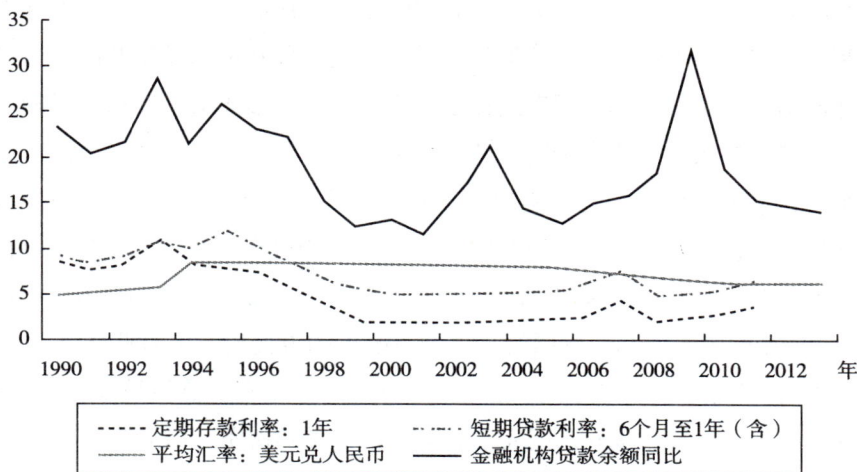

资料来源：Wind 资讯。

图 5.5　金融价格变化情况

5.3.3　金融价格服务于"三位一体"目标体系的策略

从促进银行业宏观审慎监管防范系统性风险、支持实体经济发展、助推货币政策目标实现的"三位一体"目标体系出发，应对金融价格形成机制进行改革，实现市场定价和价格均衡，以更好地服务于"三位一体"监管目标的需要。

1. 实现市场定价。在我国对存款利率还存在管制，汇率还实行有管理的浮动汇率制情况下，价格没有实现由供求双方决定，容易导致金融价格大幅波动、金融脱实向虚、监管套利，加大银行业市场风险，不利于实体经济发展和货币政策目标的实现，宜采取相应的措施逐步加以解决。

第一，实现利率市场化。根据经济学原理，具有竞争性的价格机制会使市场形成帕累托最优效应。利率市场化改革主要是放开存款利率，具体实施步骤是先大额后小额、先定期后活期，最终实现由市场决定利率。可对符合宏观审慎监管要求的银行业金融机构开展同业大额存单、长期存款利率上限、短期存款利率上限放开试点，推进中间产品服务价格市场化，逐步扩大存款利率上浮幅度，最终在选择好适当时机后，放开存款利率，进而实现在贷款利率市场化基础上实现存款利率市场化。

与此同时，应研究建立中央银行利率体系，尽快形成由中央银行引导下的基准利率。健全中央银行货币政策传导机制，完善公开市场操作办法，通过回购、逆回购、再贷款、再贴现等间接手段调控市场，形成由基准利率影响市场利率的走势，扩大市场化利率定价范围，影响货币价格，促进货币币值稳定。

第二，推进汇率市场化。实现"三位一体"的监管目标，需稳步推进汇率市场化进程，进一步扩大汇率双向浮动区间。2014 年 3 月 15 日人民银行宣布，从 3 月 17 日起银行间即期外汇市场人民币对美元汇率浮动幅度由 1% 提高到 2%。根据国际经验和中国国情，下一步改革的方向应是继续扩大人民币汇率双向浮动的区间，在汇率超出目标区间的情况下才采取适当措施进行干预，努力保持人民币汇率市场相对稳定。在条件成熟的情况下，放开汇率浮动区间管制，实现完全以市场供求为基础的浮动汇率制。

第三，加强利率与汇率市场化的协调。由于中国长期资本项目没有放开，人民币利率和汇率之间的相互影响是间接的，但利率通过国际贸易和跨境资金流动可对汇率产生影响，进而对国际收支产生影响，汇率也可通过国际贸易和跨境资金流动对利率产生影响，共同影响人民币币值稳定。

如果二者不能有效协调，可能产生两种后果：一方面，在利率没有完全市场化情况下，由于境内外利率存在差异，使跨境资金通过国际贸易和跨境资金流动，以及 QFII 和境外上市等途径进行跨境套利，国际游资大规模流入或流出，必然对中国汇率产生影响，造成银行业经营亏损或产生流动性问题，影响银行业稳定和宏观经济发展。另一方面，随着汇率市场化深入推进，中国允许资本项目可兑换，国内外市场一体化发展，境外资金可直接进入中国资本市场，中国企业和个人也可以直接对外投资，人民币汇率变化对人民币利率影响更加直接，从而对企业信贷资金需求、银行流动性等产生影响。

因此，在推进利率和汇率市场化过程中，应充分考虑两者之间的相互影响和相互作用，加强利率市场化和汇率市场化的协调，通盘考虑其他行业市场化、税收制度、金融市场竞争以及银行业宏观审慎监管情况，在实施步骤上宜先推进利率市场化，之后再推进汇率市场化。

2. 实现价格均衡。市场化的金融价格决定机制能够客观反映价格的均衡点，使价格在均衡点上下波动并能够实现均衡。由于市场在资源配置中的作用和效率受限，时常会出现金融价格上下波动，但波动过大会产生金融风险、影响实体经济发展和货币币值稳定，因此需要强化市场在资源配置中的作用，完善利率、汇率形成机制和银行业存贷款定价机制，实现资金供给价格和资金需求价格之间的均衡，避免利率、汇率抑制和管制，人为压低金融产品价格、限制价格变动幅度或人为干预导致价格扭曲。因中国的货币资金的价格存在一定程度的管制，不具竞争性，导致存款者承担负利率，借贷者借不到资金，或引起价格大幅波动。在依靠市场力量仍不能实现价格均衡的情况下，需要发挥政府间接调控作用，采用经济手段调节市场供求，促进价格均衡。特别是在利率和汇率市场化初期，为防止价格波动、无序兑争、价格失控引发市场风险、影响实体经济发展和货币币值稳定，需加强利率和汇率变化监管，发挥中央银行的基准利率引领作用，影响整个利率的水平，同时提高银行业等市场主体的定价能力，进而通过价格均衡为银行业宏观审慎监管"三位一体"目标的实现创造良好的外部环境。

5.4　金融创新：需求引导与规范

本节主要研究金融创新与"三位一体"银行业宏观审慎监管目标之间的关系，目前金融创新服务于"三位一体"银行业宏观审慎监管目标体系的差距和应对策略。

5.4.1　金融创新与"三位一体"目标体系的关系

W. L. Silber（1983）提出，金融创新是金融机构为了摆脱监管当局对其约束而作出的反应。王爱俭（1998）等学者提出，广义金融创新是指创造新的金融市场、金融制度、金融商品、金融机构、金融工具等，狭义金融创新是仅指金融工具创新。金融创新活动增加衍生品和投资型结构产品，扩大流动性，对银行业宏观审慎监管"三位一体"目标体系具有重要的影响。

1. 金融创新影响银行业宏观审慎监管防范系统性风险目标实现。金融创新通过增加金融工具和金融产品等，增加衍生品和投资型结构产品，比如货币市场共同基金、资产证券化等，扩大流动性，加速信用风险的分散，有助于降低银行业风险。但另一方面，金融创新也改变了传统的信用体系，在一定程度对金融稳定产生不利影响。金融创新分流了一部分存款资金，影响银行业存贷比指标，对银行业流动性产生一定的影响，同时银行创新也规避了存款准备金率、资本充足率等限制，增加了银行业监管成本；过度金融创新超越监管能力，导致金融机构过度冒险从事风险和收益较高的业务，超过实体经济需求，产生泡沫和虚假繁荣；一些非银行金融机构从事期限错配、融资担保业务容易造成资金链条断裂，产生金融风险甚至是系统性风险。

2. 金融创新影响银行业宏观审慎监管支持实体经济发展目标。金融创新可以增加流动性供给，扩大货币乘数，扩大货币供应规模，加快货币流通速度，降低实体经济融资成本，增加融资渠道和金融产品，满足企业多种金融服务需求，有助于支持实体经济发展。反之，如果金融创新不足，金融产品稀缺，不能满足实体经济多样化需求，不利于支持实体经济发展。

3. 金融创新影响银行业宏观审慎监管助推货币政策目标实现。金融创新可以增加流动性供给，相当于增加了实物货币，有可能影响货币的需求和货币供求的稳定性，进而影响货币币值稳定。同时对货币的供给和需求也产生了一定的影响，使货币供应相对增多，对货币需求相对减弱，从而对货币币值的稳定产生一定的影响。适度的金融创新可以弥补货币供应量的不足，有助于助推货币政策目标实现，但由于其对货币传导产生影响，比如，金融创新可起到降低银行存款准备金以及规避资本充足率等方面的作用，因而会影响央行货币政策和银行业监管的有效性。

5.4.2 "三位一体"目标体系对金融创新的要求及其适应性

实现"三位一体"目标，要求金融创新适应市场需求，不断丰富金融产品，同时规范银行的创新行为。

1. 银行业宏观审慎监管防范系统性风险目标需要金融创新丰富金融产品，解决银行业流动性问题，防范银行业风险。但是目前金融创新在风险管控方面与"三位一体"风险目标的要求，还存在明显的不适应。主要表现在：银行业为了盈利和规避资本充足率、存款准备金等监管要求，常常过度创新，造成流动性泛滥，一些金融创新主要以自我服务为主，特别是过度衍生品创新脱离实体经济而存在，导致高杠杆，造成资产价格大幅波动；部分金融创新业务只强调销售收入，没有风险提示，甚至采取误导销售策略，导致金融创新存在较大风险隐患，甚至引发金融危机。2008 年国际金融危机某种程度上就是因为美国金融创新过度，滥发次贷和资产证券化工具，到 2008 年 8 月美国住房抵押贷款证券化（MBS）规模约为 6 万亿美元，次贷规模约为 1.4 万亿美元，衍生品和次贷泛滥，在美联储连续加息后引发次贷危机。中国国家审计署 2011 年审计公告表明，一些金融机构通过同业代付、理财等创新业务增加了流动性，规避信贷规模和银行资本充足率监管，将长期资产与短期负债进行搭配，容易产生期限错配和流动性错配，导致信用风险和流动性风险。

2. 银行业宏观审慎监管支持实体经济发展目标需要金融创新降低企业融资成本，满足实体经济发展金融方面的需求。但金融创新与支持实体经济发展还存在一定的差距，主要表现在：中国金融产品品种较少，规模较小，低端业务居多，不能满足现阶段实体经济发展的需要。中国金融业分业经营、分业监管的体制，限制银行业开展证券、保险业务，制约了银行业等金融业创新，国外普遍使用的套期保值、规避风险的金融衍生品工具使用不足。一些金融创新过于追求虚拟经济，抬高了资金的价格，提高了实体经济的成本。监管机构独立行事，过于强调金融安全和防范系统性风险，在一定程度上制约了金融机构创新，导致中国金融创新产品和业务数量有限，不能够满足实体经济发展需要，在与外资金融机构竞争中处于不利地位。

3. 银行业宏观审慎监管助推货币政策目标实现需要金融创新适应货币政策需要，配合货币政策的实施，维护币值稳定。在银行业宏观审慎监管和货币政策调整时，金融创新能够作出相应的调整。但实际上金融创新往往与此要求存在一定的差距：银行业金融机构为了规避监管，获取超额利润，往往很少考虑整体货币政策和货币稳定，大量从事理财产品和影子银行等业务，造成银行资金脱实向虚，利率虚高，常常造成货币币值波动。

5.4.3 金融创新服务于"三位一体"目标体系的策略

金融创新应围绕"三位一体"目标开展，不断增强针对性，同时应规范金融创新行为，避免金融创新过度。

1. 以实体经济发展需求引导金融创新。应根据中国实体经济发展要求，积极引导金融创新活动，把支持实体经济发展作为金融创新的重要原则，改变目前模仿式的创新现状，实现根据我国经济发展实际的"自主创新"，鼓励开发一些流动性强、能够降低企业成本的金融产品和工具，特别是加强直接融资工具的创新，支持实体经济发展。比如，允许信贷资产证券化产品在交易所和银行间市场跨市场发行，打破市场分立限制，扩大对实体经济资金支持；稳步扩大优先股、新三板、场外股权交易市场和银行信贷资产证券化规模，在满足银行业资本充足率要求同时，增加对实体经济信贷资金供应。注重通过金融创新解决中小企业融资难、"三农"和高新技术产业发展所需资金问题，使金融创新具有扎实的基础。避免什么赢利多就开展什么样的创新、自我服务式的金融创新活动，既容易增加金融风险，又不利于实体经济发展。

2. 依法规范金融创新活动防范系统性风险。发生金融危机的根本原因是对金融创新的监管不足。为适应防范系统性风险目标要求，监管部门应加强对银行业金融创新顶层设计，建立健全相关法律法规和制度，设计科学的监管体系，避免先让运动员进场再出台竞赛规则的情况。比如，中国的互联网金融在缺少监管法律法规和监管规则的情况下，就开展了虚拟信用卡和二维码支付等相关业务，在潜在风险增加后，人民银行等监管部门只得叫停或采取限制性措施。银行理财产品等影子银行业务发展已有十多年时间，但至今未出台相应的监管办法，甚至没有明确监管的牵头负责部门，从近年来风险分析和防范的实际情况看，一些影子银行从事房地产、地方政府融资平台等方面业务给宏观调控和宏观经济发展带来了一定的影响，存在一些潜在风险。规范的重点应是系统重要性银行和非银行金融机构的金融创新活动，使其创新符合相关法律法规和监管要求，控制其杠杆水平，防止造成流动性泛滥，导致金融风险传递，甚至引发系统性风险。同时，引导银行业金融机构自觉执行金融创新规定，合理利用远期、期货、期权、互换等金融衍生品工具，实现套期保值和防范金融风险，并加大技术创新、管理创新，加强内控，防范风险特别是系统性风险。

3. 加强金融创新与货币政策协调维护币值稳定。银行业相关监管部门和央行之间应加强政策协调，根据货币政策和经济发展等需要统筹考虑金融创新产品、工具、结构和规模，兼顾经济社会发展的需要和可能，在促进银行业发展和经济发展的同时，能够稳定货币币值。一些对实体经济发展作用不大，只是为了规避监管、获取超额利润进而抬高市场利率和产品价格的金融创新活动应予以限制，以保持货币政策的统一性，维护币值稳定，助推货币政策目标实现。

5.5 影子银行、互联网金融带来的新挑战

近年来，我国影子银行和互联网金融快速发展，在电子商务企业和互联网公司涉足金融业务的同时，传统银行也加快利用互联网拓展业务领域。特别是第三方支付（截至 2013 年已获得业务许可的机构有 250 家）、理财通、P2P、财富通、支付宝等互联网金融，通过网络融资、网络支付、网络保险，由于成本低、收益率高、网络覆盖面广等优势，在一定程度上满足了中小企业融资需要，有助于解决中小企业融资难问题，降低企业融资成本。银行表外业务、银银合作、银信合作、银保合作、民间借贷等表现形式的影子银行业务，在一定程度上满足了居民投资和收益需求，为企业提供了大量的直接融资，为银行业提供了高额利润。但由于这两类产品还处在发展探索阶段，尚无统一的业务标准和管理规范，还存在一定风险隐患，给银行业宏观审慎监管带来了一定的挑战。

（一）影子银行、互联网金融给银行业宏观审慎监管带来的挑战

在肯定影子银行、互联网金融作用的同时，对其功能定位、风险防范也成为理论和实业界关注和争论的焦点。

1. 规避监管，增加系统性风险。首先，影子银行将信贷资产和非保本类理财业务由表内移到表外，规避资本监管、存款准备金、存贷比和存款利率限制。互联网金融本质是金融，从事这类业务的企业应视同银行业进行管理，但现行法律法规没有相应规定，没有存款准备金等方面要求，由于以上二类产品规模较大，关联度较高，高杠杆化，又没有资本充足率作为保证，一旦到期不能支付，将面临较大的风险，甚至是系统性风险，仅 2013 年网贷平台倒闭近 70 家，涉及金额十多亿元。2007 年美国次贷危机爆发，在某种程度上是因为住房抵押贷款证券化业的影子银行业务发展过快，规模过大，造成资金链断裂。其次，影子银行、互联网金融通过短期资金池滚动发行，把短期资金配置到房地产等长期项目，期限错配，信息不透明，暗箱操作，虚假融资、自我融资，特别是防范余额宝和支付宝避开央行清算体系自成一体的资金循环系统，相关部门不掌握其业务经营运作情况，由于银行资金有央行最后贷款人保证，而互联网金融、影子银行等客户资金偿还没有保证，存在较大的风险隐患。

2. 抬高利率，抑制实体经济发展。影子银行、互联网金融以承诺高收益为条件，获取资金，抬高市场利率，提高了通过该平台融资的实体经济成本，对实体经济发展造成了不利影响。2014 年 1—3 月以来，银行理财产品三个月利率在 5.85% 以上，余额宝的年利率达 5.4%，民间借贷市场年利率一般达 20% 以上，信托产品一般年利率为 7% ~ 11%，P2P 年利率达到 10% ~ 12%，最高的年利率超过 50%，导致银行业及金融业脱离实体经济，过度追求虚拟金融业务。2013 年 6 月 20 日上海银行间隔夜拆放利率骤升至年化 413.44%，银行间 7 天质押回购利率最高达 18%，均创近 10 年来历史最高纪录。主要是商业银行将信贷资金通过银行理财产品和银信合作、同业业务、融资租赁、私募股权等影子银行方式，变向将资金投向了地方融资平台、房地产等高盈利领域，尽管当时金融体系超额准备金为 1.5 万亿元，银行的资金头寸规模并没有减少，由于要满足资本充足率考核要求，集中在银行间市场拆借资金，导致资金错配，出现结构性紧张。

表 5.3　　　　　　　　中国互联网金融主要产品收益率比较

互联网公司	业务名称	挂钩货币基金	收益率	单日取现额度	消费支付
阿里巴巴	余额宝	天弘增利宝	6.27%	5 万	已开通
腾讯	理财通	华夏财富宝	6.58%	25 万	未开通
苏宁	零钱宝	广发天天红	6.55%	14.99 万	已开通
		汇添富现金宝	6.28%	14.99 万	
京东	小金库	嘉实活钱包	—	—	—
		鹏华增值宝	—	—	—
百度	百赚	华夏现金增利	6.11%	20 万	—
	百赚利滚利版	嘉实活期宝	6.48%	25 万	—
网易	现金宝	汇添富现金宝	6.28%	500 万	—
新浪	浪涛金	—	—	—	—

注：收益率数据为相应基金自 2014 年以来（3/14）的平均七日年化收率；京东、新浪旗下的相关产品尚未正式上线；就目前来看，此收益率下降趋势明显，故此处仅供参考。

资料来源：金牛理财网。

3.冲击货币体系，影响币值稳定。首先，互联网金融、影子银行产品没有资本充足率、存贷比和存款准备金限制，往往将资金用于利润丰厚的领域，特别是互联网金融、影子银行、银行理财产品激活了中国货币基金市场，导致货币价格上扬，在监管部门收紧监管措施时又大幅下跌，给货币币值稳定带来不利影响。据 FSB 监测报告显示，截至 2012 年底，中国影子银行的规模约为 2.13 万亿美元。据银监会统计，截至 2013 年末，我国银行理财产品余额 12.2 万亿元。而 2012 年 1—9 月同期我国信贷规模为 6.72 万亿元，社会融资总量只有 11.7 万亿，两者占社会融资量的比例超过一半以上。截至 2014 年 2 月余额宝资金余额突破 5 000 亿元。大量金融创新产品，导致变相货币投放量增加，同时导致人民币存款减少，2013 年 12 月人民币存款 1.15 万亿元，同比少增加 4 458 亿元。2014 年以来人民币存款下降的幅度更大，使 M_2 下降过大，对我国货币币值稳定及货币政策体系带来了不利影响，为了稳定币值，人民银行多次进行回购、逆回购交易，2013 年 1—9 月，人民银行正回购 33 次，回购金额 944 亿元；逆回购 32 次，涉及金额达 2.86 万亿元。其次，这两类产品资金大多投向房地产和地方政府融资平台，对调控房地产和防范地方政府融资平台的货币政策产生了一定负向作用，使正常的货币收缩起不到调控房价的作用。2010 年对房地产企业贷款下降 27.5%，而房地产企业自筹资金增长 36.5%，其中很大一部分资金来源于这两类产品。

（二）防范对策

由于影子银行、互联网金融变相从事银行业务，逃避监管，抬高利率，冲击货币体系，将对银行业宏观审慎监管"三位一体"目标体系产生冲击，应结合"三位一体"目标实施加强对其监管，发挥其积极作用，趋利避害。

1.纳入监管。金融创新需要在风险防范的前提下进行，为防范金融风险，特别是系统性风险，应将影子银行、互联网金融等纳入监管范围，加强信息披露，在银行业宏观审慎监管相关政策工具使用时应考虑到这一因素的影响，对其中具有吸收存款性质的产品提出存款准备金等要求，保证其流动性，避免由于创新导致金融风险传递、积聚和扩大，防范系统性风险。人民银行最近叫停了虚拟信用卡和二维码支付，有关方面认为下一步应研究将余额宝等货币市场基金存入银行的存款纳入存款准备金管理。本书第 2 章提出的国务院金融监管委员会可发挥各成员单位的作用，将这两类业务纳入监管范围，在实施逆周期监管措施时，要将其中具有吸收存款性质的影子银行、互联网融资规模纳入考虑范围，在计算逆周期资本留存缓冲时，考虑到这两类产品的影响可提高相应标准，以减轻其对顺周期产生的影响，促进其健康发展。

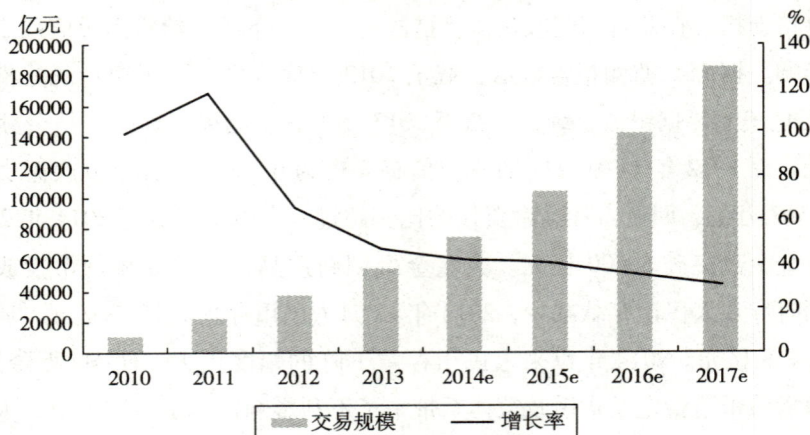

资料来源：iResearch Inc。

注：2014—2017 年数据为预测数。

图 5.6 2010—2017 年中国第三方互联网支付市场交易规模

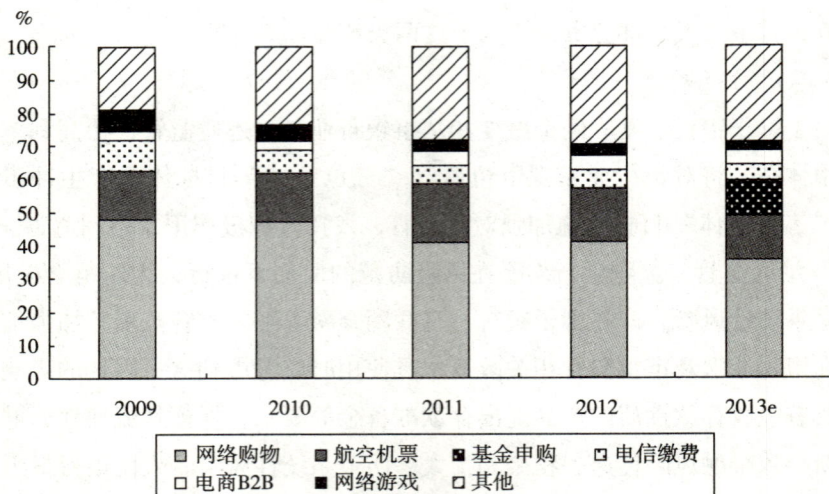

资料来源：iResearch Inc。

图 5.7 2009—2013 年中国第三方互联网支付市场交易规模结构

2. 规范发展。影子银行、互联网金融大多从事的是银行业存、贷、汇等业务的扩展，具有高杠杆、脆弱性、高风险性，这两类产品造成杠杆率过高，冲击货币体系，国务院金融监管委员会应推动出台相应的法律法规，研究建立影子银行、互联网金等监管办法，对同类产品实施统一的监管要求，将其纳入法制化管理轨道，使之与银行体系公平竞争，确保其规范发展，避免杠杆率过高冲击货币供应体系，影响币值稳定和货币政策目标实现。同时，可充分发挥影子银行和互联网金融企业的自律和行业协会的他律作用。

3. 发挥作用。在银行业宏观审慎监管中，应在落实风险防控的前提下，支持影子银行、互联网金融创新发展，满足消费者投资和实体经济融资的需要，支持实体经济发展。应允许一些符合条件的影子银行、互联网金融企业进入银行业或将其纳入银行监管体系，改善我国银行业结构，促进市场化定价机制的形成，推动利率市场化进程，降低银行业对传统存贷款利差收入的依赖，以及吸收存款的压力，同时也有利于提高金融业服务质量和水平。

5.6 本章小结

本章分析了银行业宏观审慎监管与银行业金融机构、金融市场、金融价格和金融创新几个方面微观基础的关系，揭示了银行业宏观审慎监管"三位一体"目标对银行业金融机构、金融市场、金融价格和金融创新的要求及其差距，就银行业金融机构、金融市场、金融价格和金融创新服务于"三位一体"目标体系策略进行了研究。同时，就影子银行和互联网金融对银行业宏观审慎监管"三位一体"目标带来的挑战和应对进行了分析。本章研究得出以下结论：

1. "三位一体"目标体系中，防范系统性风险主要是银行业风险，实体经济发展很大程度上取决于银行业提供的各种融资和投资服务的数量和质量。由于银行的负外部性和逐利性导致其容易对货币政策的传导和最终目标实现产生不利影响。因此，应进一步完善银行业金融机构的内控和内部治理结构，支持银行业金融机构适度竞争，优化银行业结构，支持中小银行发展，促进银行业金融机构多元化发展，推动银行业金融机构积极传导国家货币政策，维护币值稳定，助推货币政策目标实现。

2. 金融市场的功能是否完备和运作效率关乎宏观审慎监管目标的实现。金融市场的流动性影响防范系统性风险目标的实现，功能完善的金融市场能够为实体经济提供投融资场所，提供足够品种的金融商品和服务。货币供应量增加或减少，影响货币政策工具传导和中介目标，影响货币币值变化，最终影响"三位一体"目标体系的实现。因此，应完善货币市场功能，进一步提升货币市场效率，发展多层次的资本市场，加快形成基准利率，逐步建立健全反映市场供求关系的国债收益率曲线。

3. 金融价格变化容易影响银行业流动性，加大银行业市场风险；利率过高会加大实体经济融资成本，抑制投资，限制实体经济发展；金融价格特别是货币市场价格变化能够引起货币市场供求发生变化，通过跨境资金流动、监管套利引起汇率变动，进而影响货币币值稳定，影响货币政策目标实现。因此，应对金融价格形成机制进行改革，实现利率市场化、汇率市场化，加快利率市场化和汇率市场化均衡，促进市场定价。同时，强化市场在资源配置中的作用，完善利率、汇率形成机制和存贷款定价机制，实现金融市场价格在资金提供者和资金需求者之间的均衡，避免人为干预或限制价格变动幅度导致价格扭曲。

4. 通过创新增加金融工具、金融产品等，扩大流动性，加速信用风险的分散或传递，有助于降低银行业风险。过度创新超越监管能力容易产生泡沫和虚假繁荣，甚至造成资金链断裂，产生金融风险；金融创新可以增加流动性，扩大货币乘数和货币供应规模，加快货币流通速度，降低实体经济融资成本，促进实体经济发展；金融创新增加流动性供给相当于增加了实物货币，有可能影响货币的供应和需求量，进而影响货币币值稳定。因此，应从实体经济需要来引导金融创新，改变目前模仿式的创新现状，实现根据经济发展实际的自主创新，加强金融创新顶层设计，依法规范各种金融创新活动，建立相关法律法规和制度，同时加强金融创新和货币政策的协调，维护货币币值稳定，对为了规避监管、获取超额利润而抬高市场利率和产品价格的创新活动应予限制。

5. 影子银行、互联网金融在一定程度上满足了中小企业融资需要，有助于解决中小企业融资难问题，降低企业融资成本，但其也存在着逃避监管，增加系统性风险；抬高利率，抑制实体经济发展；冲击货币体系，影响币值稳定和币值政策目标实现。因此，需要将其纳入监管范围，规范其发展。同时，考虑继续发挥影子银行、互联网金融的积极作用。

6

中国银行业宏观审慎监管与相关政策的协调配合

在银行业宏观审慎监管主体围绕"三位一体"目标体系运用监管工具实施监管，并处理好与金融机构、金融市场、金融价格、金融创新等微观基础关系后，还需要加强与财政政策、货币政策及其他相关政策的协调配合，尤其是要加强与财政政策、货币政策的配合，从而实现与宏观经济政策协调发展、相得益彰，避免相关监管政策相互抵消和掣肘，形成政策合力，确保"三位一体"相关政策目标能够取得好的效果，从而更加好地服务于国民经济发展。本章对"三位一体"目标体系与财政政策、货币政策和产业政策、区域发展政策的协调配合进行研究。

6.1 银行业宏观审慎监管与财政政策

宏观审慎监管不是万能的，不能解决银行业稳定和发展的所有问题，只是维护金融稳定的一种高级形态，所以在现代经济运行中，财政部代表政府积极参与和干预经济运作，已成为最重要的经济部门之一，财政政策与货币政策在宏观调控中具有同等重要性，财政政策的实施不仅作用于宏观经济，也对银行业产生重大影响。2008 年国际金融危机发生后，银行业宏观审慎监管开始成为世界各国广泛引入的监管政策导向。由于货币政策直接作用于银行业和宏观经济，因而学术界和政策制定者更多地把货币政策和银行业宏观审慎监管结合在一起进行研究，而对财政在银行业宏观审慎监管中的作用却很少关注。现有的一些关于银行业宏观审慎监管与财政关系的研究也主要是提及两者需要协调配合，缺少深入的研究。本书认为，财政作为宏观调控和资源优化配置的手段，可以通过收入、支出和国债等政策工具，对金融稳定和宏观经济发展产生直接、积极、有效的影响，靶向性作用突出，与银行业宏观审慎监管致力于防范性系统性风险、支持实体经济发展、助推货币政策目标实现具有高度的关联性。因此，在银行业宏观审慎监管中充分发挥财政的导向性、支撑性、协同性作用，有助于更加有效地实现银行业宏观审慎监管目标。

6.1.1 财政和银行业宏观审慎监管的内在联系及作用机理

财政的主要目标是通过公共收支和资源配置促进经济社会发展。2008 年国际金融危机爆发后，金融稳定理事会（FSB）、国际货币基金组织（IMF）、国际清算行（BIS）、巴塞尔银行监管委员会（BCBS）等国际组织和机构，着力推进宏观审慎监管进程，并在银行业宏观审慎监管的方向和原则方面达成了很多共识——重点防范银行业系统性风险，维护金融稳定和安全，促进经济社会发展。财政和银行监管两者之间具有密切的内在联系，财政可对银行业宏观审慎监管产生重要的影响，可以共同作用于上述宏观目标。

（一）财政与银行业宏观审慎监管的内在联系

财政和银行业宏观审慎监管之间相互影响、互为补充，共同促进宏观经济发展、维护经济金融稳定。其内在联系主要表现在以下三个方面：

1. 公共属性的一致性。在市场经济条件下，市场在资源配置中起决定性作用。但是，由于存在竞争不充分、市场信息不对称、收入分配不公平、经济周期性波动等原因，容易导致市场失灵，迫切需要政府发挥守夜人作用，以财政政策、货币政策等宏观调控手段进行干预。财政是政府通过收支活动达到优化资源配置、实现分配公平、稳定发展经济、满足公共需要的政策工具，同时具有防止市场失灵，防范系统性风险的作用，因而拥有公共产品的属性。银行业宏观审慎监管是把银行监管与宏观经济金融发展结合起来统筹考虑，采取各种监管措施防范系统性风险，维护银行业安全稳定，保护存款人利益，支持实体经济发展，助推货币政策目标实现的政策措施，也具有公共属性。两者都具有的公共属性决定了彼此之间在目标、取向、政策等大政方针上的一致性，也具备了双方协调一致的基础。

2. 目标的协同性。财政政策作为国家经济发展和宏观调控的重要手段之一，其主要目标是服务国家宏观经济和社会发展，主要体现在促进经济增长、扩大就业、物价稳定、国际收支平衡、社会公平等五大目标上。防范系统性风险只是银行业宏观审慎监管的一个基础性目标，而通过防范系统性风险支持实体经济发展、助推货币政策目标实现、促进国民经济健康发展，才是宏观审慎监管的根本目标。一个完整、有效的银行业宏观审慎监管的目标，不仅应注重防范系统性风险，而且应注重服务实体经济和助推货币政策目标实现，是"三位一体"目标的有机统一。因此，财政和银行业宏观审慎监管之间在政策目标方面具有高度的一致性，决定了两者在实施过程中，需要加强协调配合，合作互动，实现共同目标。

3. 互为影响的现实性。若银行业宏观审慎监管不力，导致银行业关闭破产，救助濒临倒闭的银行业将使财政背上沉重的负担，影响财政收支状况甚至引发债务危机。同样，若财政政策运用失当，产生债务风险会影响政府信用、经济发展，也会导致银行业出现风险。例如，2009 年 12 月爆发的欧洲主权债务危机，重要原因之一是银行业宏观审慎监管不力，导致银行业出现危机，使作为主要救助工具的财政也出了问题，至今欧元区仍未走出债务危机的阴影；而美国财政债务过大也拖累了银行业的复苏。因此，财政和银行业宏观审慎监管之间需要相互支持，互为对方发展提供良好的条件，只有协同配合才能真正实现宏观经济发展的总体目标。

（二）财政影响银行业宏观审慎监管的作用机理

根据丁伯根法则，在运用政策工具进行经济调节时，政策工具的数量至少等于目标变量的数量，且政策工具之间线性无关。目前，实现财政政策五大目标的工具主要有注资、减免税、收购、利息补贴、收费、国债发行、担保等 7种。多种财政政策工具不仅可以实现财政多种目标，而且由于财政政策与宏观审慎监管之间公共属性的一致性和目标的协同性，可以作用于银行业宏观审慎监管的三大目标。其作用机理可从间接和直接两个层面来考察。

1. 财政通过对宏观经济发挥调控作用进而影响银行业宏观审慎监管。其机理是：通过注资、减免税、收购、利息补贴、收费、国债发行、担保等措施对处于低迷之中的宏观经济或特定行业予以支持，从而振兴实体经济，扩大就业，稳定物价，促进国际收支平衡，防止经济衰退风险，实现财政政策目标。由于财政政策与银行业宏观审慎监管之间具有公共属性的一致性和目标的协同性，那么财政政策目标的实现可以部分地实现银行业宏观审慎监管目标。其传导过程主要是：通过财政注资、收购或担保，改善企业或项目的融资状况，引导社会投资，盘活资产，增强经济活力，降低整体经济运行的系统性风险；通过发行国债筹集资金，投资于基础设施、基础产业及民生项目建设，夯实经济发展的基础，同时影响银行间市场流动性和银行业的发展基础；通过对企业或个人减免税费，可以提高企业和个人的偿债能力，降低银行信用风险，促进实体经济发展。上述各项工具综合作用的结果，在实现财政政策目标的同时，部分地实现了银行业宏观审慎监管的目标。

2. 财政直接对银行业发挥调控作用进而影响宏观审慎监管。其作用机理是：通过对银行业进行注资、减免税、收购、利息补贴、收费、国债发行、担保等措施，或直接救助处于危机之中的银行业，防范系统性风险；或改善银行业资本充足率和流动性水平等，使银行业能够释放更多的信贷资金，支持实体经济发展；或保持银行业合理的流动性，从而助推货币政策目标实现。财政对银行业宏观审慎监管发生作用的传导机制主要是通过两类政策工具之间的作用得以实现。目前各国银行业监管部门根据《巴塞尔协议Ⅲ》探索出实现三大目标的银行业宏观审慎监管政策工具主要有：（1）信贷中介类指标，包括资本留存缓、逆周期资本缓冲、系统重要性银行附加资本、前瞻性拨备、杠杆率、差额存款准备金。（2）市场稳定性中介指标，包括信息披露、恢复处置计划、应急可转换安排。（3）融资成本中介指标，包括行业资本安排、资本充足率风险权重。（4）流动性中介指标，包括贷款乘数（LTV）、借人债务收入比（DTI）、流动性比率（LCR、NSFR）。这些监管政策工具既可独立使用，也可以在财政政策的影响下发挥作用，进而影响银行业宏观审慎监管工具及其中介指标，最终实现防范系统性风险、促进实体经济发展、助推货币政策目标实现的"三位一体"的最终目标体系。具体传导过程见图6.1。

其一，财政通过向银行业注资、减免监管收费等，可以使银行业提高资本充足率水平，进一步满足经济发展所需的资金需求，并根据经济周期情况，适当采取资本留存缓冲、逆周期资本缓冲和系统重要性银行附加资本，防止资本

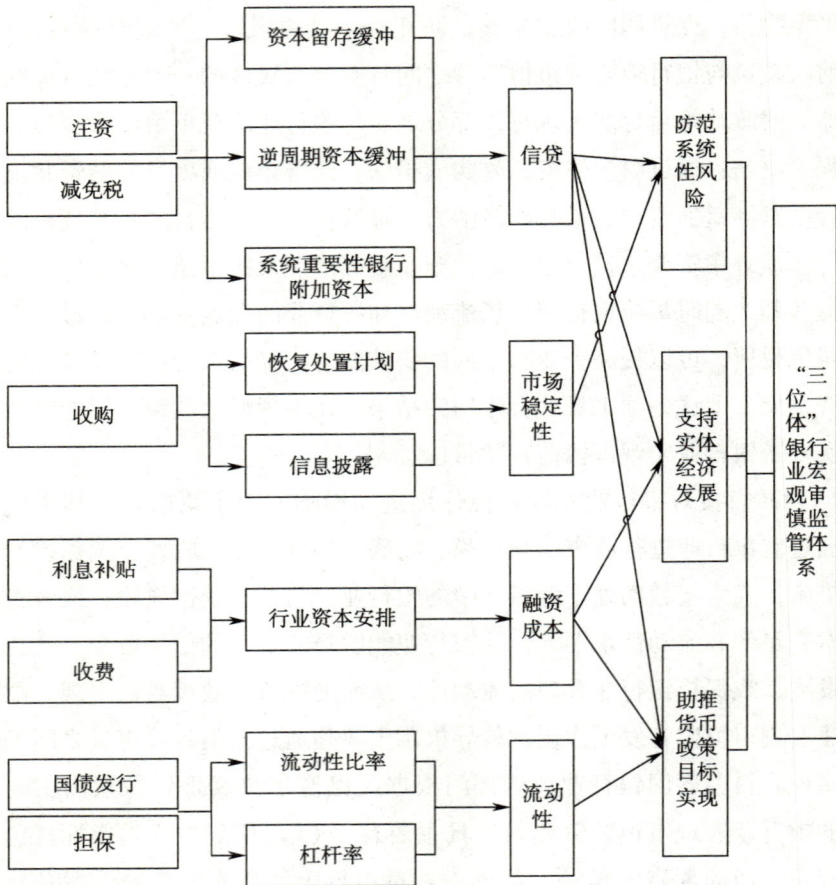

图 6.1　财政工具影响银行业宏观审慎监管及其传导机制

监管的顺周期性，保证合理信贷水平；通过对问题银行进行收购、采取恢复处置计划、信息披露等措施，保护投资者和储户利益，增强市场信心，防止银行挤兑，维护金融市场稳定。最终通过信贷和市场稳定两个中介目标的共同作用，实现防范银行业系统性风险目标。

其二，财政通过对银行实行利息补贴和减免收费政策，支持银行业实行行业资本安排，降低融资成本，扶持科技创新、低碳环保、中小企业等特定行业发展，作用于融资成本中介目标，最终与信贷中介目标一起实现支持实体经济发展目标。

其三，通过发行国债、担保融资等改善银行信用，增强银行业融资能力，扩大银行业操作空间，提高银行业的杠杆率和流动性比率，进而影响银行业流动性，作用于流动性中介目标，最终通过融资成本、流动性中介目标与信贷中介目标共同作用，实现助推货币政策目标实现的目标。

总之，财政影响银行业宏观审慎监管作用机理源自上述财政和银行业宏观审慎监管的公共属性一致性、目标协同性和瓦格纳①法则。由于财政在中国作为银行业最终所有者和社会公共产品的主体，需要根据银行业发展情况增加或减少向银行注入资本、投资，增加或减少银行税收、国债发行数量等，不仅影响银行业的资本充足率水平、资本充足率风险权重、资本留存缓冲、逆周期资本缓冲、系统重要性银行附加资本、行业资本安排等主要监管指标，而且影响银行信贷水平、能力、投向和质量，进而通过信贷、市场稳定性、融资成本、流动性等中介目标及其组合，最终实现防范银行业系统性风险、支持实体经济发展和助推货币政策目标实现的三大监管目标。

6.1.2　财政对银行业宏观审慎监管作用的国际比较

国际上财政对银行业发挥作用最早可追溯到 1929 年第 1 次世界经济大萧条期间，美国等国财政对银行业进行救助，通过挽救银行业避免风险蔓延对实体经济和经济复苏产生较大的影响。由于财政作用快捷、有效并代表政府行为，2008 年国际金融危机爆发后，为了避免系统重要性和一些大银行倒闭造成的不利影响，美、欧、日等国通过财政对银行业进行积极救助，同时充分发挥财政工具的作用，协同并支持银行业宏观审慎监管作用的发挥，有力地促进了防范系统性风险、支持实体经济发展和助推货币政策目标实现的"三位一体"目标实现进程。中国银行业国有成份占主体地位，财政支持力度较大、银行业审慎监管较严，加上创新不足和开放时间较晚等，在 2008 年国际金融危机中受到的影响较小，财政对银行业宏观审慎监管作用的发挥主要体现在提高银行资本质量、资本充足率水平，支持银行业传导货币调控政策上。

---

① 阿道夫·瓦格纳为 19 世纪 80 年代德国著名经济学家，他通过对欧、美、日等国家公共支出的分析研究得出一项结论：随着一国经济发展国家财政要增加支出，以应对外部性、市场失灵以及调控经济活动等。

表 6.1   2008 年以来有关国家财政支持银行业宏观审慎监管做法

工具	国别	实施措施	效　　果
注资	美国	授权财政部于 2008 年使用 1 250 亿美元收购美国花旗银行、摩根大通、美洲银行、富国银行、高盛、摩根士丹利等 9 家系统重要性金融机构的股份	增加银行资本金和流动性，防范银行系统性风险
	英国	先后向巴克莱、皇家苏格兰、汇丰、渣打等 8 家商业银行注资 500 亿英镑	提升银行资产质量，提高资本充足率水平，防范风险
担保	美国	由财政部向相关金融机构提供受损失资产保险；提供 500 亿美元补充货币市场基金	增强银行信用，为实体经济提供资金支持
	英国	推出中小企业贷款担保计划，提供 13 亿英镑银行贷款担保	帮助中小企业获取贷款
	德国	向住房抵押贷款银行提供 1 020 亿欧元担保	增强银行流动性
	西班牙	对外国银行在西班牙分支机构提供信贷担保	增强银行流动性
收购	美国	2008 年提出 7 000 亿美元问题资产解救计划（TRAP），财政部出资 1 000 亿美元于 2009 年建立政府引导资金联合私营部门购买金融机构不良资产；2008 年 11 月与美联储共同提供 6 000 亿美元资金用于收购由"两房"等机构发行的政府支持债券	改善银行资产负债表，银行可多发放贷款
	英国	通过央行向诺森罗克银行提供 250 亿英镑紧急贷款，后将其收归国有	避免银行风险扩大，形成系统性风险
	巴西	授权央行和联邦储蓄银行收购在危机中受损的中小金融机构	帮助银行继续开展信贷活动，防范风险
减免税	美国	2008 年初推出 1 500 亿美元减税方案，包括给金融机构减税，对优先股转让所产生的损益进行税收调整；对规定期限内豁免的抵押债务免征所得税。	提高银行资本充足率水平，支持经济发展
	巴西	降低金融领域流通税，调整金融交易税，从 0～6%；2013 年取消外汇市场金融交易税	提高银行业抗风险能力

续表

工具	国别	实施措施	效　果
国债	美国	美联储 2008 年在 EQ1 期间购买 3 000 亿美元长期国债；2010 年在 QE2 期间每月购买长期国债 750 亿美元，总量达 6 000 亿美元；2012 年在 QE4 期间每月购买 450 亿美元国债	有力支持货币政策调控，增强市场流动性，促进美国实体经济发展，促进就业和物价稳定
流动性支持	英国	通过央行向商业银行提供短期贷款；2012 年与央行推出融资换贷款计划	提高银行流动性
流动性支持	巴西	通过央行向商业银行提供数百亿美元信贷资金支持	提高银行流动性

资料来源：作者根据各国政府网站相关公开资料数据整理。

表 6.2　　　　　　1998 年以来中国财政支持银行业宏观审慎监管做法

财政工具	政策措施	效　果
注资	1998 年发行 2 700 亿元人民币国债，向四大国有商业银行注资；1999 年通过成立四大资产管理公司收购四大国有商业银行不良债权；2008 年向农行注资 1 300 亿元人民币	提高银行资产质量和资本充足率，降低不良贷款比率，防范风险
减免税	将商业银行营业税由 8% 降到 5%，所得税由 55% 降到 33%	提高银行盈利能力，增强资本充足水平，增强银行支持经济发展能力
担保	中央财政提供担保债券 1 090 亿元，供中央汇金公司发行用于商业银行配股和中国信用保险公司注资	提高商业银行资本充足率风险权重管理水平
国债	1981 恢复国债发行以来，国债年度发行规模逐渐上升，2008 年至 2012 年末中央财政国债余额分别为 5.33 万亿元、7.2 万亿元、6.75 万亿元、7.2 万亿元和 7.6 万亿元，其中银行业持有记账式国债，截至 2013 年 11 月末占 68.92%	有利于支持实体经济发展，增强银行流动性和央行进行货币政策调控
拨备	同意银行提高具有税收优惠的不良贷款拨备覆盖率，从 2008 年的 116.4% 提高到 2012 年末的 295.5%（见图 6.2），同期贷款损失减值准备金额从 6 521.3 亿元增加到 14 565.7 亿元	提高银行资产质量和盈利水平、增强风险防范能力

资料来源：作者根据财政部、银监会、中国人民银行网站资料数据整理。

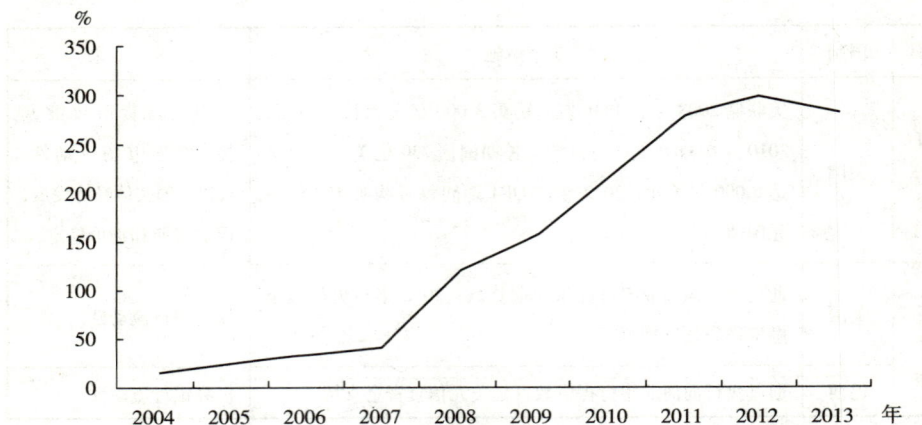

资料来源：中国银监会网站。

图6.2　中国商业银行不良贷款拨备覆盖率变化

以上美国、英国、巴西等国和中国的资料数据表明（表6.1、表6.2），各国虽然做法不一，但财政在协同和支持银行业宏观审慎监管方面可以而且能够发挥重要的作用。概括来看，各国的主要经验和共同策略有：

1. 在危机期间充分发挥财政的及时救助作用，有利于防范和化解银行系统性风险。美国、英国、巴西为了遏制2008年国际金融危机的蔓延和扩展，降低其对实体经济和宏观经济发展的影响，由财政直接向问题银行或濒临破产的银行注资、贷款、购买受损资产、提供担保、实行减免税、增发国债，使银行业能够继续获取资本金、恢复流动性、能够继续开展信贷等金融活动，避免大量银行破产造成救助成本上升，有效地防范了银行业系统性风险，帮助银行业尽快走出危机阴影。尽管目前理论界对财政救助银行业还存在一定的争论，但大多数人认为，财政救助有利于维护金融体系稳定、稳定市场，发挥银行业对经济发展的促进作用，因而在实际工作中各国财政基本上都对处在危机中的银行业实行救助。当然，反对者提出财政救助会导致道德风险，导致银行为了追求利润最大化过度进行冒险活动，以及成本和效率不匹配等问题，需要在财政救助过程中研究解决。

2. 在正常发展时期应充分发挥财政对银行业宏观审慎监管的影响，推动银行业不断增强服务实体经济发展、维护货币币值的能力。中国和美国、英国、巴西等国十分注重发挥财政对银行业宏观审慎监管的影响，通过减免税、发行国债等方式不断扩大财政对银行业宏观审慎监管的支持力度，进一步提高了银行业资本充足率和流动性水平，使银行业宏观审慎监管能够根据经济发展情况通过资本留存缓冲、逆周期资本缓冲、杠杆率、流动性和拨备等政策措施，合理调控货币供求，从而更好地发挥服务实体经济，助推货币政策目标实现。

3. 加强财政与货币政策的协调，不断提升银行业宏观审慎监管效果。从美国、英国实践看，在 2008 年国际金融危机时，财政部和央行联手对陷入困境的银行提供救助：财政为陷入困境的银行注入资金或提供担保；央行为其提供流动性。英国央行和财政部还联合推出融资换贷款计划，帮助英国银行业较快走出困境，防止风险进一步扩散造成对实体经济和宏观经济的不利影响；在推出扩张性财政政策的同时，利用具有价格稳定作用的货币政策进行回购、逆回购调节资金使用，防止引发资产泡沫，导致系统性风险，保持经济平稳健康发展。欧美等国在发挥财政救助银行业的同时，推出了量化宽松货币政策，其中美国从 2008 年 11 月开始推出四轮量化宽松货币政策，有力地扩大了国内需求，促进了就业和出口，对防范系统性风险、促进实体经济发展和稳定货币币值目标的实现起到了十分重要的作用。财政政策和货币政策协调配合日益加强，为银行业宏观审慎监管创造了良好的财政货币环境。

6.1.3 财政在中国银行业宏观审慎监管中作用的策略

随着中国金融改革开放的深入推进，财政在银行业宏观审慎监管中的地位和作用将进一步凸显。首先，中国银行业面临金融脱媒和存贷款市场份额减少的压力逐渐加大，银行业经营的高度同质化、集中化，使系统性风险有增无减，大部分银行利息收入约占利润额的 70%～80%，利率市场化以后的盈利空间收窄，资本补充来源不足，对财政注资和减免税费的要求日益迫切。其次，中央和地方债的存在已经将财政和银行业风险捆绑在一起。2013 年开展的政府性债务审计发现，截至 2013 年 6 月底中央政府负有偿还责任的债务余额 9.8 万亿元，其中相当一部分由银行持有；地方政府负有偿还责任的债务高达 10.88 万亿元，其中银行贷款为 5.5 万亿元，地方政府发行的债券也有相当部分由银行持有，地方政府担保的债务可能成为银行的不良资产，财政对银行业系统性风险防范承担不可推卸的责任。再次，尽管中国银行监管部门于2009年创立了中国大型银行的腕骨监管体系①，2012年出台了《商业银行资本管理办法》（试行），但中国银行业监管水平总体上不高，单凭银行监管部门的力量恐难实现监管目标，需要财政政策和货币政策的协调配合。最后，中国实现转变经济发展方式，调结构、促转型，物价稳定、充分就业、经济增长等目标，需要打破原有的经济发展方式和银行经营管理方式，监管体制和宏观调控体系都面临着新的挑战。因此，有必要借鉴美国、英国、巴西等国发挥财政在银行业宏观审慎监管中作用的做法和经验，进一步提升中国财政与银行业宏观审慎监管的协同水平，促进银行业宏观审慎监管防范系统性风险、支持实体经济发展、助推货币政策目标实现的"三位一体"目标体系的实现。

1. 发挥财政注资、减税、贴息等政策对系统性风险防范的作用。宏观审慎监管通过资本充足率等监管措施影响银行业信贷投放，实现对银行业的逆周期监管，防范系统性风险。但是，银行业宏观审慎监管对流动性的调节能力有限，还需要财政为宏观审慎监管政策工具提供有效支持。在经济下行时期，财政通过向银行注资、减免银行税费、提供利息补贴等措施，使银行业增加或保持《巴塞尔协议Ⅲ》的资本充足率水平，降低资本充足率风险权重，保持银行流动性，防范银行业系统性风险。在经济上行时期，一是可以通过减少发行国债数量、不再提供担保，减少银行业回购和逆回购数量，降低银行业流动性比率和杠杆率；二是可以通过减免税和提高拨备等措施，引导银行业实行资本留存缓冲、逆周期资本缓冲或系统重要性银行附加资本，降低银行贷款和资本充足率的顺周期性，以促进物价稳定，防止经济过热。

2. 发挥财政对实体经济发展的促进作用。财政政策主要是借助国家信用，引导社会资本投向国民经济急需发展的地区、行业和重点项目，实现四两拨千斤的作用，能够为银行业宏观审慎监管创造良好的环境基础，促进银行业宏观审慎监管支持实体经济发展目标的实现。在市场和银行资金偏紧的情况下，财政通过发行国债，培育资本市场，支持银行同业市场发展和银行业提高资本充

---

① 大型银行的腕骨监管体系英文为 CARPALS，C 为 Capital adequacy，A 为 Asset quality，R 为 Risk concentration，P 为 Provisioning coverage，A 为 Affiliated institutions，L 指 Liquidity，S 为 Swindle preventio & control，主要是围绕资本动态监管、拨备动态监管、不良动态监管三个核心机制，兼顾并表监管、集中度风险监管、流动性风险监管和案件风险监管基础上建立商业银行主要风险体系。

足率水平，从而多投放信贷用于实体经济发展；对需要发展的产业、区域和中小企业，向银行安排的信贷资金提供利息补贴、减少监管收费、降低融资成本，从而实现调整经济结构、支持实体经济发展的目标。

3. 发挥财政对助推货币政策目标实现的促进作用。研究扩大国债品种和规模，加快形成国债收益率曲线，为基准利率形成创造条件。扩大央行在货币政策调控回购和逆回购中国债规模和数量，调节市场货币供求，促进货币币值稳定。同时，在利用财政资金购买外汇储备对银行业等金融机构注资时，要考虑到其对货币供应和币值稳定的影响。

4. 发挥财政对银行危机的救助作用。在中国尚未建立存款保险制度和实行金融机构市场化退出机制的情况下，应建立银行业危机处置制度。一是由财政设立专项基金，通过市场运作对于濒临倒闭的系统重要性银行进行直接注资或收购，增加资本金，使其能够继续运行，以维护金融市场稳定，防止由一家银行的倒闭引发挤兑等连锁反应，诱发区域性甚至是系统性金融风险。二是研究发挥财政信用的作用，以发布政府公告、担保承诺等方式提升银行信用、扩大银行流动性，进一步增强公众对银行的信心，在降低财政救助成本的同时，稳定金融市场。

5. 强化财政在银行业宏观审慎监管中的责任意识。目前，中国金融业实行分业经营、分业管理的体制，由人民银行、银监会、证监会、保监会负责监管，财政部并不承担监管责任。[①] 但笔者认为，财政部作为国家宏观经济综合部门和国有银行的出资人，不仅应主动积极地协同配合银行业宏观审慎监管，而且应该发挥不可替代的重要作用。第一，中国政府不仅是国民经济运行的组织者、管理者和调控者，而且本身也是经济主体之一，不但可以通过国有控股企业（银行）和市场进行资源配置，而且可以通过对国有控股的大型商业银行行使股东权利、注资等方式，主动支持和配合宏观审慎监管，共同实现宏观经济目标。第二，在存款保险制度尚未建立的情况下，国家财政事实上为银行承担了无形的担保和兜底责任，政府信用和银行风险之间互为条件，只要政府信用不出问题，银行就不会出大问题；同样，银行不出现系统性风险，财政也

---

① 国务院已于 2013 年 8 月批准建立了由人民银行牵头，银监会、证监会、保监会和外汇局参加的金融监管协调部际联席制度，加强金融监管协调，但财政部只是在必要时才被邀请参加。

不会遭遇巨大风险。因此，财政主动配合宏观审慎监管不仅是必要的，也是必须的。第三，中国幅员辽阔、经济体量大，实行分级财政制度，借鉴美国、印度、巴西等国的经验，中国银行业宏观审慎监管应发挥央行、财政等多部门的共同作用，特别需要加强财政对地方政府性债务的管理，防止政府信用风险的发生及其对银行业的冲击。

6. 加强财政与银行业宏观审慎监管的协调配合。为实现财政、银行业宏观审慎监管目标，两者都需要根据经济金融发展情况运用相关工具进行调节，因而在使用财政工具促进银行业宏观审慎监管目标时，要注意财政与银行业宏观审慎监管工具的搭配，以达到更好的政策效果，防止出现冲突或叠加效应。例如，为了防止经济泡沫，在实行紧缩财政政策、取消对银行业减免税和利息补贴等措施时，银行业宏观审慎监管就不应降低杠杆率；同时也不应提高资本留存缓冲、逆周期资本缓冲、系统重要性银行附加资本、前瞻性拨备、差额存款准备金和流动性比率的要求，避免对实体经济和银行业发展产生双重的叠加作用。又如，为了防范系统性风险而实行积极财政政策、对银行业实施注资、担保等措施时，银行业宏观审慎监管则不应降低资本充足率风险权重，以防增加银行业系统性风险，影响银行业宏观审慎监管目标的实现。

7. 妥善处理财政风险和银行稳定的关系。中外实践证明，任何国家的财力都是有限的，而有限的财力对财政在银行业宏观审慎监管中作用的发挥，会产生相应的制约。因此，在财政对银行业宏观审慎监管发挥作用的过程中，要注重防止财政风险特别是政府性债务风险，量入为出、有所作为、适度作为。不能超过国家财力过度发行国债和不切实际、不加选择地对银行业进行注资、担保或减免税费，进而造成政府赤字和偿债负担过重，引发政府信用下降，甚至导致主权债务危机，最终影响金融体系稳定，对国民经济发展造成重大影响。在这方面，欧元区和北欧一些国家为了救市和救助银行业等金融机构加重债务危机的惨痛教训值得我们深思和汲取。

6.2　银行业宏观审慎监管与货币政策

银行业宏观审慎监管的逆周期监管政策与熨平经济周期的货币政策关系十

分密切，银行业宏观审慎监管和货币政策都是通过相关政策工具的使用和传导，影响信贷、流动性、融资成本等中介指标，通过收缩或扩张信贷、流动性等条件来实现各自的目标，因而两者具有高度的相关性。同时，由于两者政策工具功能和使用方向不同，两者可能存在一定程度的冲突，银行业宏观审慎监管政策应对金融失衡会导致宏观审慎监管担负更重的任务（Borio and Drehman，2009a）因而，加强两者之间相互关系的研究十分必要。

6.2.1 银行业宏观审慎监管与货币政策目标、工具、中介目标、传导机制比较

1. 政策目标的互融性。根据本书第1章的论述，银行业宏观审慎监管的政策目标是防范系统性风险、支持实体经济发展、助推货币政策目标实现的"三位一体"目标体系。货币政策的目标是稳定币值并促进经济发展，一般来说包括稳定币值、经济增长、充分就业、国际收支平衡和金融稳定几个方面的目标。因此，银行业宏观审慎监管与货币政策的基本目标是一致的，都把稳定币值、促进经济增长作为主要目标，在防范系统性风险和金融稳定、国际收支平衡方面也表现出高度的一致性。因此，两者的目标是高度相关，是互融的。

表 6.3   银行业宏观审慎监管政策与货币政策的目标、工具、传导机制对比

	目标	工具	传导机制
银行业宏观审慎监管政策	防范系统性风险、支持实体经济发展、助推货币政策目标实现	差额存款准备金、资本留存缓冲、前瞻性拨备、杠杆率、流动性比率、系统重要性银行附加资本、贷款乘数、前瞻性拨备等	差额存款准备金、资本留存缓冲等工具→信贷、融资成本、市场稳定性、流动性中介指标→银行业信用和信贷张缩→国民经济各相关部门和企业、居民行为→宏观审慎监管目标
货币政策	稳定币值、经济增长、充分就业、国际收支平衡和金融稳定	法定存款准备金、再贴现、公开市场操作等	中央银行政策工具→利率、货币供应量等中介指标→商业银行信用→企业、居民社会信用→国民经济各相关部门→最终政策目标

2. 政策工具的相关性。央行使用的货币政策工具主要有法定存款准备金、再贴现、公开市场操作等，通过这些工具实现调节货币供应量，引导货币供求，从而实现货币政策的目标。而根据第 3 章的论述，银行业宏观审慎监管使用的政策工具有差额存款准备金、资本留存缓冲、前瞻性拨备、杠杆率、流动性比率、系统重要性银行附加资本、贷款乘数、前瞻性拨备等 14 种工具，两者都有存款准备金方面的内容，并且都是公开操作，尽管其他工具不尽相同，使用方向不一定相同，但都作用于银行，并通过产生流动性变化达到政策目标，两者工具具有一定的相关性。

3. 传导机制的交叉性。货币政策是中央银行通过运用法定存款准备金、再贴现、公开市场操作等政策工具影响利率、货币供应量等中介指标，影响商业银行信用问题，再通过商业银行信用影响企业和居民社会信用，最后影响国民经济各相关部门，实现最终政策目标。银行业宏观审慎监管是通过运用差额存款准备金、资本留存缓冲、前瞻性拨备、杠杆率、流动性比率、系统重要性银行附加资本、贷款乘数、前瞻性拨备等工具，影响信贷、融资成本、市场稳定性、流动性中介指标，影响银行业信用和信贷张缩，最后影响国民经济相关部门和企业、居民行为，实现宏观审慎监管目标。银行业宏观审慎监管通过政策工具的使用、传导对信贷等中介目标产生作用，最终实现对货币供应产生影响，实现货币币值稳定，与货币政策目标传导大致相同。其实现支持实体经济发展、防范系统性风险目标与货币政策实现经济增长、充分就业、金融稳定目标传导均包括信贷或货币供应量中介指标，相关工具运用和政策传导过程中也存在一定的交叉性。

6.2.2　银行业宏观审慎监管与货币政策在稳定货币币值方面的协调配合

由于银行业宏观审慎监管支持实体经济发展、防范系统性风险目标与货币政策的经济增长、稳定金融等目标接近，同时考虑到《中国人民银行法》明确货币政策是通过保持货币币值的稳定，并以此促进经济增长。因此，为了深入分析两者的协调配合，本书仅就银行业宏观审慎监管与货币政策在稳定货币币值目标方面的协调配合进行分析。

通过以上分析可知，银行业宏观审慎监管与货币政策都通过政策工具的使用、传导对信贷等中介目标产生作用，最终实现对货币供应产生影响，通过货币供应传导保持全社会适应的货币环境，实现物价稳定，最终实现稳定货币币值目标。因此，如果两者协调配合可以起到好的作用效果，如果两者相互抵触或叠加，可能削弱政策的效果，或力度过大，达不到稳定货币币值效果，或者是达到稳定货币币值实现却伤害了实体经济发展。所以在实践中实现两者统筹协调需做到：

第一，考虑银行业宏观审慎监管和货币政策调控的方向、力度协调配合。由于银行业宏观审慎监管与货币政策具有政策目标的互融性、政策工具的相关性、传导机制的交叉性，这就决定了需要加强两者调控方向和力度的协调。有时货币政策工具是从紧的，而银行业宏观审慎监管政策工具却需要宽松；有时货币政策工具是宽松的，而银行业宏观审慎监管政策工具却需要从紧；有时双方都需要从紧或宽松。在政策工具执行力度方面也基本类似，有时银行业宏观审慎监管的力度需要大一些，货币政策工具小一些；有时银行业宏观审慎监管政策力度小一些，货币政策工具力度需要大一些；有时双方的力度可以相当，衡量的标准是双方组合后净效果是否获得稳定货币币值的效果。

第二，考虑银行业宏观审慎监管和货币政策工具自身的特点。银行业宏观审慎监管在控制资产价格大幅上涨，金融风险较大时，采取资本留存缓冲和逆周期资本缓冲等措施效果比较明显；货币政策在物价上涨幅度较大时，采取提高利率的办法效果非常明显，两者相互配合能够维护货币币值稳定。鉴于中国外汇储备占款较大，公开市场操作与宏观审慎监管工具协调配合将成为常态。

为了正确使用银行业宏观审慎监管和货币政策相关工具，需要根据中国经济景气指数、广义信贷/GDP（BCBS 推荐作为考虑实施逆周期资本缓冲的依据）、M_2、CPI、PMI、社会融资总量、失业率几个综合指标判断宏观经济环境情况，作为判断经济周期和使用这两类政策工具执行的依据，进而决定实施银行业宏观审慎监管和货币政策的力度和方向。以下按照不同经济周期，并结合中国的实际情况来分析两者的协调配合问题。

历史经验和理论学说表明，经济发展周期一般经历复苏、繁荣、衰退、萧条四个阶段。根据表6.4，银行业宏观审慎监管和货币政策工具对经济处于繁荣阶段（情景二）和萧条阶段（情景四）的处理相对简单，但对处于复苏阶段和衰退阶段的处理相对复杂。对于中国经济而言，过去30多年以来一直保持较高增速，没有出现整体的周期性。但从行业和地区局部性特点视角，在学术角度仍可按经济周期的四个阶段分6种情况进行考察研究。

表 6.4　银行业宏观审慎监管政策与货币政策在不同经济阶段的协调配合

	复苏阶段（情景一）	繁荣阶段（情景二）		衰退阶段（情景三）	萧条阶段（情景四）	
		前半期	后半期		前半期	后半期
银行业宏观审慎监管	适当提高资本充足率风险权重标准，限制银行业信贷投放，保持货币币值稳定增长	实施适宜的银行业逆周期资本留存缓冲，控制银行业信贷过度扩张	适当提高逆周期资本留存缓冲比率，提高贷款系数、杠杆率标准，调节全社会货币信贷供给，保证货币币值稳定	可降低逆周期资本留存缓冲标准和资本充足率风险权重要求，适当增加全社会货币信贷供给，保持货币币值稳定	实施取消银行业逆周期资本留存缓冲，降低杠杆率要求，增加全社会货币信贷资金投放	除了实施正回购措施对冲外汇占款，避免人民币升值外，可实施差额存款准备金制度，保持社会货币信贷资金合理增长，促进货币币值稳定和经济增长
货币政策	采取较松的货币政策，根据外贸顺差进行公开市场操作，对冲外汇占款，避免人民币升值	适当加大公开市场操作力度，对冲外汇占款，避免人民币升值；加大正回购力度	在加大正回购的同时，上调存款准备金比率	适当从紧，保持上调的存款准备金比率不变，加大逆回购力度，对外汇占款继续采取对冲措施	降低存款准备金比率，进行回购对冲外汇占款，避免人民币升值，适当降低基本利率水平	

情景一：经济复苏阶段（高增长、低通胀）。

此时考虑到物价和资产价格都不高，可以采取较宽松的货币政策，根据外贸顺差进行公开市场操作，对冲外汇占款，避免人民币升值，适当降低存款准备金率。同时，为防止经济产生顺周期性，可以适当提高资本充足率风险权重标准，适当限制银行业信贷投放，保持货币币值稳定，进而促进经济平衡运行。

情景二：经济繁荣阶段（高增长、高通胀）。

此时银行信贷处于扩张时期，物价水平和资产价格处于上升期，总体上需要银行业宏观审慎监管政策和货币政策同时采取收紧工具，但也需要根据以上几个综合指标判断结果分为前半期和后半期进行处理：在前半期，货币政策可适当加大公开市场操作力度，一方面对冲外汇占款，避免人民币升值，另一方面加大正回购力度。同时，实施适宜的银行业逆周期资本留存缓冲（标准为0~2.5%），控制银行业信贷过度扩张。在后半期，物价水平和资产价格较高，货币政策在加大正回购的同时，可上调存款准备金比率，银行业宏观审慎监管可适当提高逆周期资本留存缓冲比率，同时提高贷款乘数、杠杆率标准，调节全社会货币信贷供给，保证货币币值稳定。具体实施力度，可视银行业面临的系统性风险和物价水平来确定，如果政策未达到预期效果，货币政策还可适当提高利率。

情景三：经济衰退阶段（低增长、高通胀）。

此时，经济增速下降，物价水平总体较高，货币政策应适当从紧，可保持上调的存款准备金比率不变，同时加大逆回购力度，对外汇占款宜继续采取对冲措施。银行业宏观审慎监管可降低资本留存缓冲、逆周期资本缓冲标准和资本充足率风险权重要求，从而实现适当增加全社会货币信贷供给，保持货币币值稳定。

情景四：经济萧条阶段（低增长、低通胀）。

除了滞胀外，此时物价水平和资产价格处于下降时期，总体上需要银行业宏观审慎监管政策和货币政策同时采取逆周期操作，即放松监管工具，但也需要根据以上几个综合指标判断结果分为前半期和后半期进行处理。在前半期，货币政策可降价存款准备金比率，进行回购对冲外汇占款，避免人民币升值，并根据物价变化情况适当降低基本利率水平。同时，实施取消银行业逆周期资本留存缓冲，降低杠杆率要求，增加全社会货币信贷资金投放。到了后半期，物价水平和资产价格有所提升，除了实施正回购措施对冲外汇占款，避免人民币升值外，可实施差额存款准备金制度，保持社会货币信贷资金合理增长，促进货币币值稳定和经济增长。

结合中国 2001 年以来的经济发展情况来看，货币政策和宏观审慎监管政策的实施，正好印证了上述情景一、情景二、情景三的相关做法：

1. 1997 年中国克服亚洲金融危机影响实现经济软着陆，2001 年通货膨胀率降至 0.8%，为保持经济增长和货币币值稳定，央行两次下调存款准备金率8 个百分点。到 2004 年第四季度针对货币信贷增长过快、通货膨胀压力加大，央行上调人民币存贷款利率，2006 年 3 次上调存款准备金率，2 次上调基准利率，为了减轻当年 1 715 亿美元外贸顺差带来的外汇占款的压力，央行加大公开市场操作力度，有力地保持了货币币值稳定，CPI 由 2004 年的 3.9% 下降到2006 年的 1.5%。

2. 2010 年中国经济率先走出 2008 年国际金融危机影响，经济处于繁荣阶段，为了保持币值稳定，适当控制全社会货币信贷总量，央行 2010 年 10 月 20日和 25 日两次加息，同时，6 次上调存款准备金率 0.5 个百分点，正回购 2.1万亿元，对冲银行体系过剩的流动性和 1 831 亿美元外贸顺差的外汇占款；银行业宏观审慎监管也采取了 2.5% 资本留存缓冲、系统重要性银行 1% 附加资本和不低于 4% 杠杆率的监管工具，有力地回收了流动性，保证了货币币值稳定和经济增长，2010 年 CPI 为 3.3%，GDP 增长 10.4%，符合两者协调配合的原则。

3. 在 2011 年经济增速下行，CPI 为 5.4% 高位情况下，3 次上调人民币存款基准利率，共 0.75 个百分点，上半年 6 次提高存款准备金率，同时，银行业宏观审慎监管继续采取了 2.5% 资本留存缓冲、系统重要性银行 1% 附加资本和不低于 4% 杠杆率的监管工具，较好地回收了流动性和银行信贷，实现了稳定货币币值。

美国 2009 年实行的量化宽松货币政策，也是基于向银行系统注入大量流动性，避免出现流动性枯竭，使美元汇率下跌支持经济增长，实现货币政策。由于各国对银行业宏观审慎监管的理解和做法不同，美国等国受国际金融危机影响还没有执行带有宏观审慎监管特征的《巴塞尔协议Ⅲ》，因而目前对于两者的协调配合还没有现成的国际经验，还需要各国根据各自实际情况进行积极探索。

6.3 银行业宏观审慎监管与其他经济政策的协调

支持实体经济发展是银行业宏观审慎监管"三位一体"目标之一，而产业政策、区域发展政策对一国实体经济和宏观经济发展将产生重要影响，因此，应加强银行业宏观审慎监管与产业政策和区域发展政策的协调配合，进一步增强政策效果。

6.3.1 银行业宏观审慎监管与产业政策

产业政策是政府为了保证宏观经济目标的实现，对产业发展进行引导的措施，与财政政策、货币政策一样，是政府支持实体经济发展和进行宏观调控的重要形式之一。产业政策几乎涵盖国民经济全部大类行业，通过明确产业政策目标、主要内容和政策措施，调整产业结构、调节市场供求、确保经济平稳运行，有力地促进国民经济健康发展。其中，金融支持工具在产业政策中具有重要的导向作用，金融支持力度和方向在一定程度上影响产业政策走向，与以资本充足率标准、流动性、杠杆率为主要政策措施影响信贷资金供求的银行业宏观审慎监管具有十分密切的联系，因此，加强两者的协调配合，在支持产业发展过程中，体现银行业宏观审慎监管政策，防止产生政策冲突。

1. 在产业政策中体现宏观审慎监管的意图。为了扶持产业发展，体现国家宏观调控意图，需要在资金安排等金融政策方面给予支持，发挥引导作用，国家"十二五"战略性新兴产业发展规划提出，要鼓励金融机构加大对战略性新兴产业的信贷支持。发展多层次资本市场、拓宽多元化直接融资渠道，大力发展证券市场，扩大公司债、企业债发行规模等加大对战略性新兴产业的金融支持。人民银行、银监会、证监会等部门认真落实国家有关要求，积极提供信贷资金，有力地促进了产业振兴，创新能力不断增强。但是在向产业发展提供金融支持时，应考虑资金供应对银行业等金融业发展带来的影响，要与银行业宏观审慎监管相协调，在产业快速发展时期采取逆周期的银行业宏观审慎监管措施，限制其流动性过快扩张，防止发生产能过剩、经济泡沫，引发金融风险，甚至是系统性风险。1997 年以来，为了战胜亚洲金融危机的影响，中国实行刺激内需政策，鼓励房地产市场发展，对其贷款提供各种优惠，使房地产行业快速发展。但是由于利润丰厚、税收增加，一方面导致房地产价格快速上涨、泡沫严重，另一方面催生地方融资平台快速发展。截至 2013 年 6 月底，地方融资平台中地方政府负有偿还责任的债务达 4.07 万亿元，负有担保责任的达 8 832 亿元，可能承担一定救助责任的达 2.01 万亿元，存在较大的风险隐患。工信部运行局《2013 年中国工业通信业运行报告》称，我国产能过剩已呈现过剩程度高、行业面较广、持续时间较长等特点，是影响工业经济持续健康发展的突出矛盾。①

2. 在加强银行业宏观审慎监管中充分考虑产业发展对资金的需求。银行业宏观审慎监管通过使用资本充足率监管标准、流动性、杠杆率和逆周期等相关审慎监管工具，防止引发系统性风险，但政策执行结果往往导致流动性偏紧。如果不考虑一些产业发展特殊需求，一味执行严格信贷标准，一味考虑防止通货膨胀，往往对产业发展产生制约作用，一些产业发展资金得不到有效解决，制约结构调整和创新。中国中小企业融资难的问题，尽管与其信用等级不佳有关，但从紧货币政策、严格风险监管也是原因之一。美国为了刺激经济增长美联储 12 次降息，导致美国房地产市场出现虚假繁荣，资产泡沫严重，为遏制通货膨胀，从 2004 年开始连续 17 次加息，导致购房贷款减少、房价下跌，最终引发次贷危机和国际金融危机。

6.3.2　银行业宏观审慎监管与区域发展政策

区域发展政策是国家为了支持特定区域发展而采取的特殊政策。国家"十二五"规划提出，把深入实施西部大开发战略放在区域总体战略优先位置，全面振兴东北地区等老工业基地，大力促进中部崛起战略，积极支持东部地区率先发展，发挥对全国经济发展的支撑作用。由于区位、自然禀赋等原因，造成中国区域发展不平衡、产业结构雷同、重复建设和资源浪费等问题，需要给予特殊政策支持。信贷是其中重要政策，银行业宏观审慎监管是影响信

---

① 工业和信息化部《2913 年中国工业通信业运行报告》，http://www.miit.gov.cn/n11293472/n11293832/n11294132/n12858387/15801467.html。

贷的重要工具，两者有着十分密切的联系。

由于不同区域经济发展水平、市场机制等不同，国家统一货币政策在不同区域执行时会产生不同的影响和政策效果，对物价、产出等宏观经济变量产生不同的作用，这就是货币政策的区域效应。自 1955 年 Scott 证明货币政策在区域中的效应呈现非对称性后，关于货币政策的区域效应研究不断深化，Mundell（1961）、Miller（1978）、Dornbusch（1998）、Carlino（1999）、Arnold（2002）都对该问题发表了相关看法。中国学者经过实证研究，提出货币政策在东部地区效应最明显[①]（李菁、赵邦宏，2013），货币供应量增长能够促进区域经济发展、优化经济结构[②]等（王银光、董良泉、陈丽，2013）。多年以来，发达国家对欠发达地区采取了倾斜的金融调控政策，美国对欠发达地区的金融机构要求相对较低的法定存款准备金率、备付金率、贴现率，对金融机构设置了较低的资本金要求等。银行业宏观审慎监管对区域政策影响是基于货币信贷政策存在区域效应，在不同区域信贷传导过程中存在差异，同一货币政策在东部地区与中西部地区、东北地区等老工业基地产生不同的影响和政策效果。根据这一理论，在实施银行业宏观审慎监管措施时，要考虑到不同区域经济发展水平不同、政策传导效果不同，采取不同的宏观审慎监管政策，并加强与区域发展政策协调，避免进一扩大区域差异，以促进区域经济协调发展，提升中国整体经济发展水平和质量。

1. 实施差异化审慎监管政策。尽管截至 2012 年底中国银行业平均资本充足率为 13.25%，但各地区的银行业资本充足率水平差异较大[③]，珠江三角洲地区、西部地区城市商业银行资本充足率较高，华北地区银行业资本充足率介于全国中等水平，长江三角洲地区和中部地区银行业资本充足率较低。为了支持国家"十二五"区域经济协调发展目标，促进当地实体经济和宏观经济目标的实现，在达到巴塞尔协议规定的最低资本充足率监管标准基础上，可以对资本充足率较低、货币政策传导整体效果较差的中西部地区和东北地区等老工

[①] 李菁，赵邦宏. 中国货币政策与财政政策区域效应比较研究——基于 1985—2010 面板数据[J]. 西部金融，2013（5）.

[②] 王银光、董良泉、陈丽. 稳健的货币政策区域传导效应：聊城案例[J]. 金融发展研究，2013（3）.

[③] 《银行家》研究中心. 2013 年中国城市商业银行竞争力报告. 银行家，2013（9）.

业基地实施差别化的资本充足率风险权重，适当降低其资本充足率水平，实施差别化的存款准备金率。同时在经济上行期间对其实施资本留存缓冲和逆周期资本缓冲的设置上也可以适当降低标准，实现宏观审慎监管与国家区域发展政策相协调。

2. 提高对中西部地区和东北地区等老工业基地的银行业资本充足率风险权重和考核容忍度。中西部地区和东北地区等老工业基地机构数量相对较少，授信额度低、贷款条件高、金融市场不完善，因而信贷传导较弱，在国家同样的货币政策下，当地经济发展所获取的资金要低于东部地区。鉴于信贷资金在中西部地区和东北地区等老工业基地中发展的重要性，可在国家现行的银行业资本充足率监管条件的基础上，适当降低这些地区的银行业资本充足率风险权重和考核容忍度，使当地银行业可以释放更多的资金用于具有比较优势的产业发展，促进金融产品创新，推动经济结构调整和转型升级，提高区域经济发展的竞争力。

3. 加大对区域金融政策风险防控力度。加强对区域政策的信息披露和银行业发生风险的恢复处置计划、应急可转换安排等，进一步增强市场透明度，做好个别银行可能出现风险和危机应对预案，引导好市场预期，保持市场稳定性。

6.4　本章小结

本章就银行业宏观审慎监管与财政政策、货币政策、产业政策、区域发展政策协调配合进行了研究。

1. 财政和银行业宏观审慎监管的公共属性的一致性、目标的协同性、互为影响的现实性决定了需要发挥财政在银行业宏观审慎监管中的作用。一是发挥财政对系统性风险防范的作用，通过向银行注资、减免银行税费、提供利息补贴，以及减少发行国债数量、不再提供担保等措施，降低银行贷款和资本充足率的顺周期性；二是发挥财政对实体经济发展的促进作用，通过发行国债，向银行安排的信贷资金提供利息补贴、减少监管收费等，支持实现调整经济结构、支持实体经济发展目标；三是发挥财政对银行危机的救助作用，通过设立专项基金等方式建立银行业危机处置制度；四是强化财政在银行业宏观审慎监管的责任意识，特别是需要加强财政对地方政府性债务的管理，防止政府信用风险的发生及其对银行业的冲击；五是加强财政与银行业宏观审慎监管的协调配合，防止出现冲突或叠加效应；六是妥善处理财政风险和银行稳定的关系，注重防止财政风险特别是政府性债务风险，量入为出、有所作为、适度作为。

2. 银行业宏观审慎监管的逆周期监管政策与熨平经济周期的货币政策有很强的关联性，银行业宏观审慎监管和货币政策都是通过相关政策工具的使用和传导，影响信贷、流动性、融资成本等中介指标，通过收缩或扩张信贷、流动性等来实现各自的目标，因而两者具有高度的相关性。同时，由于两者政策工具功能和使用方向不同，两者可能存在一定程度的冲突，需要加强两者之间的相互协调。一是加强银行业宏观审慎监管和货币政策调控的方向、力度协调配合。有时货币政策工具是从紧的，而银行业宏观审慎监管政策工具是却需要宽松；有时货币政策工具是宽松的，而银行业宏观审慎监管政策工具却需要从紧；有时双方都需要从紧或宽松。在政策工具执行力度方面也基本类似，有时银行业宏观审慎监管的力度需要大一些，货币政策工具力度小一些；有时银行业宏观审慎监管政策力度小一些，货币政策工具力度需要大一些；有时双方的力度可以相当，衡量的标准是双方组合后净效果是否获得助推货币政策目标实现的效果。二是考虑银行业宏观审慎监管和货币政策工具自身的特点。在控制资产价格大幅上涨时，使用银行业宏观审慎监管工具；在物价上涨幅度较大时，采用货币政策工具。

3. 银行业宏观审慎监管目标的实现还需要产业政策和区域发展政策等其他政策的协调配合。一是在产业政策中应该体现宏观审慎监管的意图；二是在加强银行业宏观审慎监管中充分考虑产业发展对资金的需求；三是对不同发展程度的经济区域实施差异化审慎监管政策，降低对中西部地区和东北地区等老工业基地的银行业资本充足率权重，提高考核容忍度，加大对区域金融政策风险的防控力度。

7

主要结论和政策建议

本书试图研究建立中国银行业宏观审慎监管框架。本书以公共利益理论、金融脆弱性理论、金融风险管理理论、银行监管效率理论为基础，基于美国、英国、日本、印度、巴西等国银行业宏观审慎监管的实践，利用丁伯根法则、市场供求决定价格、综合指数法等工具，研究构建中国银行业宏观审慎监管框架。首先从金融经济关系角度，通过对服务实体经济发展是银行业宏观审慎监管根本，防范系统性风险是银行业宏观审慎监管要求，助推货币政策目标实现是银行业宏观审慎监管途径的分析，构建银行业宏观审慎监管"三位一体"目标体系。其次，按照银行业宏观审慎监管"三位一体"的目标，借鉴美国、英国、日本、印度、巴西等国银行业宏观审慎监管经验，结合巴塞尔协议及G20、FSB 相关监管标准和要求，研究建立中国银行业宏观审慎监管的主体、工具。最后，通过对银行业宏观审慎监管的微观基础，以及与财政、货币等相关政策协调配合的研究，提出中国银行业宏观审慎监管需要根据这两方面变化不断调整和完善，以更好地实现监管目标，提高监管效率，促进国民经济健康发展。本章主要总结研究结论，并给出中国建立银行业宏观审慎监管框架的相关政策建议。

7.1　主要研究结论

随着金融业迅速发展及其对国民经济影响程度的加深，以防范系统性风险为核心的银行业宏观审慎监管越来越发挥十分重要的作用，在某种程度上成为一国宏观调控的重要组成部分，加快建立银行业宏观审慎监管框架应纳入各国政府重要议事日程。

本书在深入分析巴塞尔协议、G20 和 FSB 相关要求，美国、英国、日本等有关国家银行业宏观审慎监管经验基础上，针对中国银行业宏观审慎监管框架进行了研究，提出了中国银行业宏观审慎监管的目标框架、监管主体框架、监管工具框架、制度框架（微观基础）、政策框架（与其他政策协调配合）。本书的主要研究结论如下：

1. 历史经验和理论分析表明，银行监管的目标是随着银行业发展中的业务运作模式、地位作用和风险特征的变化而演化的，经历了从关注个体银行安全的微观审慎走向同时关注微观审慎和整体银行业系统性风险的宏微观审慎并重的过程。当前国内外形势要求中国银行业宏观审慎监管框架应围绕防范系统性风险、支持实体经济发展、助推货币政策目标实现"三位一体"的目标体系来架构，这个目标体系体现了银行业宏观审慎监管的风险目标、经济目标和调控目标的内在统一性，是保证银行业生存发展、发挥作用、体现价值而进行的有效宏观审慎监管的最终目的。

2. 从主要方面和内在联系看，"三位一体"监管目标之间的正向统一性是基本的，由于银行业宏观审慎监管目标的一致性、交融性、互补性和中国特有的国情，设定银行业宏观审慎监管"三位一体"的目标体系具有合理性，一个完整的银行业宏观审慎监管应是三者的有机统一体。但从次要方面和不同阶段看也存在着矛盾性，处理矛盾的重点是根据对系统性风险的计量阈值，在风险目标和经济目标之间、风险目标和调控目标之间寻求平衡；处理矛盾的基本原则是抓住主要矛盾进行主次抉择和顺序抉择，统筹协调好主管部门之间、各种政策与监管工具之间的搭配组合。

3. 监管主体的选择需要适应监管目标的要求，并审时度势进行调整。为实现"三位一体"的宏观审慎监管目标，银行业宏观审慎监管的主体应同时具有宏观经济调控和协调等职能，具备处理综合信息、运用相应工具、准确研判形势、有效协调执行等能力。由于目前中国缺乏一个总体上的银行业宏观审慎监管治理机制安排，在信息交流、决策机制、政策制定、监管职责等方面没有形成合力，在实际工作中造成宏观审慎监管的目标、职责、工具、协调等方面存在诸多问题，在系统性风险防范、支持实体经济和助推货币政策目标上难以达到最优。因此，应借鉴国际经验并结合中国实际，成立由国务院领导担任主任，人民银行、银监会、证监会、保监会、国家发展改革委、财政部、商务部、工业和信息化部、国家统计局等部门负责同志担任成员的国务院金融监管委员会，并常设职能部门负责具体实施。

4. 实现银行业"三位一体"的宏观审慎监管目标需要采取相应的工具并实行有效传导。各政策目标的工具独立使用时，实施效果可能会叠加，且不同政策工具间可能互相影响，但由于各种工具的影响机制、作用力度存在差异，同时还存在相对的独立性，因此，应遵循丁伯根法则，综合运用多种监管工具来实现多个宏观审慎监管目标。银行业宏观审慎监管工具作用于监管目标的传导机制源自供求决定价格的原理，即当一国宏观审慎监管当局通过提高或降低银行资本充足率风险权重、资本留存缓冲水平等措施，影响银行业的资产负债表配置，从而增加或减少银行信贷供给，影响银行信用的可获得性和资金供应总量、价格及成本，进而通过信贷、市场稳定性、融资成本、流动性等中介目标及其组合，最终实现防范银行业系统性风险、支持实体经济发展和助推货币政策目标的实现。

5. 中国银行业宏观审慎监管工具应围绕银行业宏观审慎监管"三位一体"目标进行设计和运用，做到有的放矢，增强针对性、有效性。可以通过对相关政策工具进行适当组合实现监管目标体系的平衡，在不同的经济发展时期采用不同的工具组合，防止出现目标之间的冲突而降低效率。在落实国务院关于金融支持实体经济发展、调整经济结构、防范通货膨胀要求的过程中，可以充分利用资本留存缓冲、前瞻性拨备、杠杆率、流动性比率等14种宏观审慎监管工具及其组合，在防范系统性风险的同时，实现支持实体经济发展和助推货币政策目标的实现。

6. 实现"三位一体"宏观审慎监管目标需要有良好的微观基础。为实现防范系统性风险的目标，需要银行业金融机构具有较强的风险防控能力，进一步完善内控和内部治理结构；金融市场功能完备，能够及时提供流动性；金融价格富有弹性，增强银行的自主定价权，开展良性竞争；通过金融创新丰富金融产品与服务的同时，把影子银行、互联网金融等新的金融业态纳入监管范畴。为实现支持实体经济发展的目标，需要银行业金融机构提升服务实体经济的水平与能力；金融市场高效运行；金融价格实现市场定价并反映供求均衡状况；通过金融创新降低企业融资成本。为实现助推货币政策目标，需要银行业金融机构能够顺畅传导货币政策；发达的金融市场体系能够为政策工具及其传导提供场所；市场化的利率、汇率机制能够调节资金供求；金融创新能够配合货币政策的实施。

7. 为更好地实现银行业"三位一体"宏观审慎监管目标，需要加强宏观审慎监管与财政政策、货币政策、产业政策、区域发展政策等协调配合。财政与银行业宏观审慎监管之间具有公共属性的一致性、目标的协同性、互为影响的现实性等内在联系，财政可通过注资、税收、贴息等政策工具和自身债务风险的控制等，作用于银行业宏观审慎监管"三位一体"目标，因此，需要注重发挥财政在系统性风险防范、银行危机救助、促进实体经济发展和货币政策目标实现等方面的作用，同时要强化财政在宏观审慎监管中的责任意识，处理好财政风险和银行业稳定的关系。在货币政策方面，加强银行业宏观审慎监管与货币政策调控的方向、力度之间的协调配合，根据银行业宏观审慎监管和货币政策面临的问题和工具自身特点进行搭配组合，共同实现稳定金融与发展经济的目标。

7.2 政策建议

建立和完善我国银行业宏观审慎监管框架应从银行业宏观审慎监管的目标框架、监管主体框架、监管工具框架、制度框架（微观基础）、政策框架（与其他政策协调配合）五个方面着手，为此，本书提出了有针对性的政策建议。

7.2.1 加快构建银行业宏观审慎监管"三位一体"目标体系

1. 银行业宏观审慎监管的目标应该兼顾防范系统性风险、支持实体经济发展、助推货币政策目标实现，形成"三位一体"的有机结合。片面强调一至两个方面或忽视一至两个方面，都不是完整的监管目标，或没有体现监管目标的本质要求。由于"三位一体"目标之间也是相互关联的，有时目标之间还存在冲突或矛盾，监管当局要在存在矛盾的目标中着力强化其内在的统一性，在矛盾性的处理上坚持主次抉择、顺序抉择和统筹协调的原则，努力在"三位一体"目标中寻求平衡，争取达到三个目标的完美结合。

2. 在银行业宏观审慎监管中，风险目标是根本，经济目标是要求，调控目标是途径。要通过对相关政策工具进行适当组合实现监管目标体系的平衡，在不同的经济发展时期采用不同的工具组合。

7.2.2　建立适合中国银行业特点的宏观审慎监管主体和工具

1. 一个目标决定一个监管主体，多个目标决定需要多个监管主体参与。监管主体的选择需要在监管目标明确后，根据实现监管目标的需要，按照本国银行业体制和经济金融业发展要求进行设计安排。银行业宏观审慎"三位一体"的目标体系决定了需要有多个监管主体协调配合才能够完成。应妥善处理好监管目标和监管主体之间的关系，特别是在多元监管目标体系情况下，需要选择能够把握大局、理解监管目标的意图和实质、有综合协调能力和执行能力强的监管主体。中国银行业宏观审慎监管主体应具备能够推动"三位一体"目标实现、具有综合协调和国际协调能力，为此，需要成立由国务院领导担任主任的国务院金融监管委员会，委员会下设宏观审慎监管局和专家咨询委员会。

2. 中国应通过对相关监管政策工具进行适当组合实现监管目标体系的平衡，在不同的经济发展时期采用不同的工具组合。在落实国务院关于金融支持实体经济发展、调整经济结构、防范系统性风险和通货膨胀过程中，可通过实施资本留存缓冲、杠杆率、差额存款准备金等14种宏观审慎监管工具及其组合，调节银行业信贷投放，更好地实现上述政策目标，探索建立具有中国特色的银行业宏观审慎监管体系。

7.2.3　强化中国银行业宏观审慎监管的微观基础

1. 内控是银行业宏观审慎监管防范系统性风险的第一道防线。针对银行业系统性风险的特点，应注重发挥监管的激励作用，针对风险的不同特点采用不同的控制方法，促进银行业金融机构实现自我管理、自我控制，不断提高银行业的内控水平。同时，通过风险为本的监管促进银行业完善治理结构，推动商业银行加快建立现代企业制度。应优化银行结构，通过大力发展自担风险民营银行和小型银行，构建多元化、多种所有制并存的银行业金融机构体系，支持各种经济成分发展，促进银行业宏观审慎监管目标的实现。同时，通过政策引导、窗口指导、监督检查等方式，引导银行业金融机构积极传导国家货币政策，解决银行业金融机构将资金投向房地产、理财产品等高盈利领域，导致这些领域挤占实体经济信贷规模引起利率上升、货币需求上升，从而使央行被动投放货币，造成流通中货币投放过多，以及银行业金融机构为了满足考核需要集中到银行间市场拆借资金，引发利率上涨问题，维护币值稳定，助推货币政策目标实现。

2. 为了适应银行业宏观审慎监管"三位一体"防范系统性风险目标要求，应进一步完备金融市场功能，完善金融市场的投融资、风险管理、服务和信息传递等功能，增强银行业流动性。规范银行间同业拆借市场发展，使其发展成为真正的银行间头寸市场，支持短期票据市场发展，完善中央银行回购、逆回购操作。加强货币市场、资本市场等各金融子市场协调发展和合作互动，进一步拓宽融资方式和融资渠道，增强金融市场流动性，让货币市场真正成为解决流动性、融资问题的重要场所。适应银行业宏观审慎监管"三位一体"支持实体经济发展的要求，进一步提升金融市场的效率，积极发展多层次的资本市场，解决目前企业融资方式单一，融资成本较高等问题，打造能够反映市场资金供求的利率形成机制，形成具有市场化运作的基准利率。对金融价格形成机制进行改革，逐步扩大存款利率上浮幅度，进而在贷款利率市场化基础上实现存款利率市场化，研究建立中央银行利率体系，尽快形成中央银行引导下的基准利率。继续扩大人民币汇率双向浮动的区间，在条件成熟的情况下，放开汇率浮动区间管制，实现以市场供求为基础的浮动汇率制，加强利率市场化和汇率市场化的协调，促进货币币值稳定。同时，强化市场在资源配置中的作用，完善利率、汇率形成机制和银行存贷款定价机制，实现金融市场价格在资金提供者的供给价格和资金需求者的需求价格之间的平衡，避免人为管制或抑制，导致价格扭曲，实现价格均衡。

3. 根据中国金融发展水平和监管能力，鼓励开发一些流动性强、能够降低企业成本的金融产品和工具，支持实体经济发展，实现根据我国经济发展实际的"自主创新"。同时，依法规范金融创新活动防范系统性风险，加强对银行业金融创新的顶层设计，建立健全相关法律法规和制度，设计科学的监管体系，使银行业创新符合相关法律法规和监管要求，防止银行业创新过度，导致金融风险传递，甚至引发系统性风险。加强金融创新与货币政策协调，根据货币政策和经济发展等需要统筹考虑金融创新产品、工具结构和规模，兼顾经济社会发展的需要，维护币值稳定。

4. 将影子银行、互联网金融等纳入监管范围，在银行业宏观审慎监管相关政策工具使用时，需对其提出资本充足率风险权重等要求，保证其流动性，避免由于创新导致金融风险传递、积聚和扩大，防范系统性风险。同时，研究建立影子银行、互联网金融监管办法，对同类产品实施统一的监管要求，将其纳入监管法制化管理轨道。在落实风险防控的前提下，支持影子银行、互联网金融创新发展，满足消费者投资和实体经济融资的需要，允许一些符合条件的影子银行和互联网金融企业进入银行业或将其纳入银行监管体系，改善我国银行业结构，促进市场化定价机制的形成，支持实体经济发展。

7.2.4　发挥财政在中国银行业宏观审慎监管中的作用

财政和银行业宏观审慎监管具有公共属性的一致性、目标的协同性、互为影响的现实性的内在联系，财政可通过对宏观经济发挥调控作用影响银行业宏观审慎监管，还可以直接对银行业发挥调控作用进而影响宏观审慎监管，要发挥财政对银行业宏观审慎监管的作用。

1. 发挥财政对系统性风险防范的作用。在经济下行时期，财政通过向银行注资、减免银行税费、提供利息补贴等措施；在经济上行时期，可以通过减少发行国债数量、不再提供担保，降低银行贷款和资本充足率的顺周期性，使银行业能够按实体经济发展需要提供贷款，保持物价稳定，防止经济过热，实现宏观经济的目标。

2. 发挥财政对支持实体经济发展的促进作用。在市场和银行资金偏紧的情况下，财政通过发行国债，培育资本市场，支持银行同业市场发展和银行业提高资本充足率水平，从而多投放信贷用于实体经济发展；对需要发展的产业、区域和中小企业，向银行安排的信贷资金提供利息补贴、减少监管收费，降低融资成本，从而实现调整经济结构、支持实体经济发展的目标。

3. 发挥财政对助推货币政策目标实现的促进作用。研究扩大国债品种和规模，加快形成国债收益率曲线，为基准利率形成创造条件。扩大央行在货币政策调控回购和逆回购中国债规模和数量，调节市场货币供求，促进货币币值稳定。同时，在利用财政资金购买外汇储备对银行业等金融机构注资时，要考虑到其对货币供应和币值稳定的影响。

4. 发挥财政对银行危机的救助作用。在尚未建立存款保险制度和实行金融机构市场化退出机制的情况下，应通过财政设立专项基金等方式建立银行业危机处置制度，在降低财政救助成本的同时，稳定金融市场。

5. 强化财政在银行业宏观审慎监管中的责任意识。财政部作为国家宏观经济综合部门和国有银行的出资人，在银行业宏观审慎监管中应该发挥不可替代的重要作用，特别需要加强财政对地方政府性债务的管理，防止政府信用风险的发生及其对银行业的冲击。

6. 加强财政与银行业宏观审慎监管的协调配合。在使用财政工具促进银行业宏观审慎监管目标时，要注意财政与银行业宏观审慎监管工具的搭配，以达到更好的政策效果，防止出现冲突或叠加效应。

7. 妥善处理财政风险和银行稳定的关系。在财政对银行业宏观审慎监管发挥作用的过程中，要注重防止财政风险特别是政府性债务风险，量入为出、有所作为、适度作为。

7.2.5 加强银行业宏观审慎监管与货币政策、产业政策、区域发展政策的协调

为进一步增强政策效果，更好地服务于"三位一体"监管目标，需要加强银行业宏观审慎监管与货币政策、产业政策、区域发展政策的协调。

1. 银行业宏观审慎监管与货币政策具有政策目标的互融性、政策工具的相关性、传导机制的交叉性关系。银行业宏观审慎监管与货币政策都通过政策工具的使用、传导对信贷等中介目标产生作用，最终实现对货币供应产生影响，通过货币供应传导保持全社会适应的货币环境，最终实现助推货币政策目标实现目标。因此，如果两者协调配合可以起到好的作用效果，如果两者相互抵触或叠加，可能削弱政策的效果，或力度过大，可能达不到助推货币政策目标实现的效果，或者是达到助推货币政策目标实现却伤害了实体经济发展。加强银行业宏观审慎监管与货币政策协调配合实现助推货币政策目标实现目标，一是加强银行业宏观审慎监管和货币政策调控的方向、力度协调配合。有时货

币政策工具是从紧的，而银行业宏观审慎监管政策工具却需要宽松；有时货币政策工具是宽松的，而银行业宏观审慎监管政策工具却需要从紧；有时双方都需要从紧或宽松。在政策工具执行力度方面也基本类似，有时银行业宏观审慎监管的力度需要大一些，货币政策工具小一些；有时银行业宏观审慎监管政策力度小一些，货币政策工具力度需要大一些；有时双方的力度可以相当，衡量的标准是双方组合后净效果是否获得助推货币政策目标实现的效果。二是考虑银行业宏观审慎监管和货币政策工具自身的特点。在控制资产价格大幅上涨时，使用银行业宏观审慎监管工具；在物价上涨幅度较大时，采用货币政策工具，衡量的标准是双方组合后净效果是否获得稳定货币币值的效果。

2. 产业政策要体现银行业宏观审慎监管意图。在向产业发展提供金融支持时，应考虑资金供应对银行业等金融机构发展带来的影响，与银行业宏观审慎监管相协调，防止发生产能过剩、经济泡沫，引发金融风险，甚至是系统性风险。同时，在加强银行业宏观审慎监管中充分考虑产业发展金融需求，如果不考虑一些产业发展的特殊需求，一味执行严格信贷标准，一味考虑防止通货膨胀，往往对产业发展产生制约作用。

3. 实施差异化审慎监管政策。为了支持国家"十二五"区域经济协调发展目标，促进当地实体经济和宏观经济目标的实现，在达到巴塞尔协议规定的最低资本充足率监管标准基础上，可以对资本充足率较低、货币政策传导整体效果较差的中西部地区和东北地区等老工业基地实施差别化的资本充足率风险权重，适当降低其资本充足率水平，实施差别化的存款准备金率。同时经济上行期间对其资本留存缓冲和逆周期资本缓冲的设置上也可以适当降低标准，实现宏观审慎监管与国家区域发展政策相协调。同时，提高对中西部地区和东北地区等老工业基地的银行业资本充足率权重和考核容忍度。

参 考 文 献

［1］ Ali Alichi, SangChul Ryoo, and Cheol Hong, Managing Non‑core Liabilities and Leverage of the Banking System: A Building Block for Macroprudential Policy Making in Korea, IMF Working Paper: 1 – 19.

［2］ Andreas A. Jobst, Measuring Systemic Risk – Adjusted Liquidity (SRL) – A Model Approach, IMF Working Paper: 1 – 68.

［3］ Ashvin Ahuja and Malhar Nabar, Safeguarding Banks and Containing Property Booms: Cross – Country Evidence on Macroprudential Policies and Lessons from Hong Kong SAR, IMF Working Paper: 1 – 26.

［4］ Beverly Hirtle, TilSchuermann, Kevin Stiroh, Macroprudential Supervision of Financial Institutions: Lessons from the SCAP, Federal Reserve Bank of New York Staff Reports: 1 – 15.

［5］ Bill Allen, Ka Kei Chan, Alistair Milne, Steve Thomas, Basel Ⅲ: Is the Cure Worse than the Disease? International Review of Financial Analysis: 159 – 166.

［6］ Borio, C., Towards a Macroprudential Framework for Financial Supervision and Regulation? BIS Working Paper: 1 – 26.

［7］ Borio, C. White WR. Whither Monetary and Financial Stability? The Implications of Evolving Policy Regines. BIS Working Paper: 1 – 45.

［8］ Bruce Arnold, Claudio Borio, Luci Ellis, Fariborz Moshirian, Systemic Risk, Macro – prudential Policy Frameworks, Monitoring Financial Systems and the Evolution of Capital Adequacy, Journal of Banking & Finance: 3125 – 3132.

［9］ C. A. E. Goodhart, The Role of Macro – Prudential Supervision, Presented at the Federal Reserve Bank of Atlanta 2010 Financial Markets Conference: 1 – 61.

［10］ Caruana, J. Systemic Risk: How to Deal with It? Bank for International Settlements: http://www.bis.org/publ/othp08.htm.

［11］ Cheng Hoon Lim, Rishi Ramch, Hong Wang, Xiaoyong Wu, Institutional Arrangements for Macroprudential Policy in Asia, IMF Working Paper: 1 – 21.

［12］ Christopher Crowe, Giovanni Dell'Ariccia, Deniz Igan, and Pau Rabanal, How to Deal with

Real Estate Booms: Lessons from Country Experiences, IMF Working Paper: 301 – 319.

[13] Crockett, A., "Marrying the Micro and Macroprudential Dimensions of Financial Stability", Speech at the 11th International Conference of Banking Supervision: 1 – 11.

[14] C. Lim, F. Columba, A. Costa, P. Kongsamut, A. Otani, M. Saiyid, T. Wezel, and X. Wu, Macroprudential Policy: What Instruments and How to Use Them? Lessons from Country Experience, IMF Working Paper: 1 – 85.

[15] Deniz Igan and Heedon Kang, Do Loan – to – Value and Debt – to – Income Limits Work? Evidence from Korea, IMF Working Paper: 1 – 34.

[16] D. Filiz Unsal, Captial Flows and Financial Stability: Monetary Policy and Macroprudential Responses, IMF Working Paper: 1 – 27.

[17] Doris Neuberger and Roger Rissi, Macroprudential Banking Regulation: Does One Size Fit All? Thunen – Series of Applied Economic Theory Thunen – Reihe Angewandter Volkswirtschaftstheorie: 1 – 36.

[18] Douglas J. Elliott, Greg Feldberg, and Andreas Lehnert, The History of Cyclical Macroprudential Policy in the UnitedStates, Finance and Economics Discussion Series: 1 – 74.

[19] Dynamic Loan Loss Provisioning: Simulations on Effectiveness and Guide to Implementation, IMF Working Paper: 1 – 57.

[20] Erlend W. Nier, Jacek Osinski, Luis I. Jacome, and Pamela Madrid, Institutional Models for Macroprudential Policy, IMF Staff Discussion Note: 1 – 25.

[21] Erlend W. Nier, Jacek Osinski, Luis I. Jacome, and Pamela Madrid, Towards Effective Macroprudential Policy Frameworks: An Assessment of Stylized Institutional Models, IMF Working Paper: 1 – 51.

[22] Esa Jokivuolle, Matti Viren, Cyclical Default and Recovery in Stress Testing Loan Losses, Journal of Financial Stability: 139 – 149.

[23] Fabian Valencia, Monetary Policy, Bank Leverage, and Financial Stability, IMF Working Paper: 1 – 37.

[24] German Lopez – Espinosa, Antonio Moreno, Antonio Rubia, Laura Valderrama, Short – term Wholesale Funding and Systemic Risk: A Global CoVaR Approach, IMF Working Paper: 1 – 35.

[25] Gianni De Nicolo, Giovanni Favara and Lev Ratnovski, Externalities and Macroprudential Policy, IMF Staff Discussion Note: 1 – 23.

[26] Giovanni Dell'Ariccia, Deniz Igan, Luc Laeven, and Hui Tong, with Bas Bakker and Jerome Vandenbussche, Policies for Macrofinancial Stability: How to Deal with Credit Booms, IMF Staff Discussion Note: 1 – 45.

[27] Haocong Ren, Countercyclical Financial Regulation, Policy Research Working Paper: 1 – 42.

[28] Hiroshi Kawata, Yoshiyuki Kurachi, Koji Nakamura, Yuki Teranishi, Impact of Macroprudential Policy Measureson Economic Dynamics: Simulation Usinga Financial Macro – econometric Model, Bank of Japan Working Paper Series: 1 – 45.

[29] International Monetary Fund, Brazil: Technical Note on Macroprudential Policy Framework, IMF Working Paper: 1 – 41.

[30] Javier Bianchi, Emine Boz, and Enrique G. Mendoza, Macro – prudential Policy in a Fisherian Model of Financial Innovation, IMF Working Paper: 1 – 38.

[31] José Viñals and Nicolás Eyzaguirre, Brazil: Financial System Stability Assessment, July 2012 IMF Country Report: 1 – 63.

[32] Karl Habermeier, Annamaria Kokenyne, and Chikako Baba, The Effectiveness of Capital Controls and Prudential Policies in Managing Large Inflows, IMF Staff Discussion Note: 1 – 35.

[33] Kasper Lund – Jensen, Monitoring Systemic Risk Based on Dynamic Thresholds, IMF Working Paper: 1 – 35.

[34] Gabriele Galati and Richhild Moessner, Macroprudential Policy – a literature review, Bank for International Settlements: 1 – 40.

[35] Gao. Government Support for Bank Holding Companies – Statutory Changes To Limit Future Support Are Not Yet Fully Implemented, Report To Congressional Requesters, United States Government Accountability Office: 1 – 107.

[36] German Lopez – Espinosa, Antonio Moreno, Antonio Rubia, Laura Valderrama, Short – term Wholesale Funding and System Risk: A Global CoVaR Approach, Journal of Banking & Finance: 1 – 35.

[37] Goldstein, Morris, Philip Turner, Banking Crises in Emerging Economies: Origins and Policy Options. BIS Economic Paper, 1996: 1 – 67.

[38] Laura Valderrama, Macroprudential Regulation under Repo Funding, IMF Working Paper: 1 – 37.

[39] Luis Brandao – Marques, Ricardo Correa, Horacio Sapriza. International Evidence on

Government Support and Risk Taking in the Banking Sector. Board of Governors of the Federal Reserve System International Finance Discussion Papers: 1 – 36.

[40] Mahmood Pradhan, Ravi Balakrishnan, Reza Baqir, Geoffrey Heenan, Sylwia Nowak, Ceyda Oner, and Sanjaya Panth, Policy Responses to Capital Flows in Emerging Markets, IMF Staff Discussion Note: 1 – 44.

[41] Martin Cihak and Klaus Schaeck, How Well Do Aggregate Bank Ratios Identify Banking Problems? IMF Working Paper: 1 – 40.

[42] Martynas Baciulis, Support for Financial Institutions Increases Government Deficits in 2012. Statistics in Focus, Eurostat: 1 – 12.

[43] Masahiro Kawai and Peter J. Morgan, Central Banking for Financial Stability in Asia, ADBI Working Paper Series: 1 – 31.

[44] Pierre C. Boyer, Jorge Ponce, Regulatory Capture and Banking Supervision Reform, Journal of Financial Stability: 1 – 41.

[45] Pierre – Olivier Gourinchas, M. Ayhan Kose, and Stijn Claessens, Monetary and Macroprudential Policies, IMF Economic Review: 1 – 47.

[46] Pietro Catte, Pietro Cova, Patrizio Pagano, Ignazio Visco, The Role of Macroeconomic Policies in the Global Crisis, Journal of Policy Modeling: 1 – 33.

[47] Prakash Kannan, Pau Rabanal, and Alasdair Scott, Monetary and Macroprudential Policy Rules in a Model with House Price Booms, IMF Working Paper: 1 – 42.

[48] Ravi Balakrishnan, Sylwia Nowak, Sanjaya Panth, and Yiqun Wu. Surging Capital Flows to Emerging Asia: Facts, Impacts, and Responses, IMF Working Paper: 1 – 27.

[49] Report to G20 Finance Ministers and Central Bank Governors on Monitoring Implementation of Basel Ⅲ Regulationary Reform. Bank for International Settlement: 1 – 28.

[50] Reza Siregar, Macro – Prudential Approaches to Banking Regulation: Perspectives of Selected AsianCentral Banks, ADBI Working Paper Series: 1 – 35.

[51] Rita Babihuga, Macroeconomic and Financial Soundness Indicators: An Empirical Investigation, IMF Working Paper: 1 – 30.

[52] Ross Levine, Bank – Based or Market – Based Financial Systems: Which Is Better? NBER Working Paper Series: 1 – 44.

[53] Samuel G. Hanson, Anil K Kashyap, and Jeremy C. Stein, a Macroprudential Approach to Financial Regulation, Journal of Economic Perspectives: 3 – 28.

[54] Shyamala Gopinath, Macroprudential Approach to Regulation – Scope and Issues, ADBI

Working Paper Series: 1 – 19.

[55] Stefan Schwerter, Basel Ⅲ's Ability to Mitigate Systemic Risk, Journal of Financial Regulation and Compliance Vol. 19 No. 4, 2011 pp. 337 – 354.

[56] SteffenKern, Macro – prudential Financial Supervision in the US, The Financial Stability Oversight Council: 1 – 16.

[57] Steven L. Schwarcz, "Systemic Risk", 97 Gorgetown Law Journal, 2008: 1 – 58.

[58] Systemic risk, Basel III, Global Financial Stability and Regulation, Journal of Banking & Finance: 3123 – 3124.

[59] Thomas M. Hoenig, Exploring the Macro – Prudential Aspects of Financial Sector Supervision, Economic Review Second Quarter 2004: 1 – 16.

[60] Valentina Bruno, Hyun Song Shin, Assessing Macroprudential Policies: Case of Korea, Scandinavian Journal of Economics: 1 – 37.

[61] Yulu, Chen; Yong, Ma and Ke, The Chinese Financial System at the Dawn of the 21st Century: An Overview, Tang Chinese International Finance Society and Beijing Foreign Studies University, China Financial Policy Research Center, Renmin University of China, Hanqing Advanced Institute of Economics and Finance and School of Finance, Renmin University of China: 1 – 40.

[62] Zoltan Pozsar, Institutional Cash Pools and the Triffin Dilemma of the U. S. Banking System, IMF Working Paper: 1 – 35.

[63] 巴曙松, 王璟怡, 杜婧. 从微观审慎到宏观审慎: 危机下的银行监管启示 [J]. 国际金融研究, 2010 (5): 83 – 89.

[64] 巴曙松, 朱元倩等. 巴塞尔资本协议Ⅲ研究 [M]. 北京: 中国金融出版社, 2011: 18 – 47.

[65] 陈雨露, 马勇. 宏观审慎监管: 目标、工具与相关制度安排 [J]. 经济理论与经济管理, 2012 (3): 5 – 15.

[66] 陈志毅. 金融宏观审慎监管: 趋势、挑战与中国适用前瞻 [J]. 上海金融, 2011 (12): 74 – 80.

[67] 范小云, 王道平. 巴塞尔Ⅲ在监管理论与框架上的改进: 微观与宏观审慎有机结合 [J]. 国际金融研究, 2012 (1): 63 – 71.

[68] 河合正弘, 迈克尔·波默里诺, 胡妍斌, 邢予青, 王辰. 防范金融危机: 宏观审慎监管与最低国际标准 [J]. 新金融, 2010 (4): 4 – 11.

[69] 黄亭亭. 宏观审慎监管: 原理、工具及应用难点 [J]. 中国金融, 2010 (12): 40 –

41.

[70] 黄亭亭. 宏观审慎管理操作框架研究 ［M］. 北京：中国金融出版社，2011：116 – 132.

[71] 李健. 当代西方货币金融学说 ［M］. 北京：高等教育出版社，2006：2 – 24.

[72] 李健等. 中国金融改革中的货币供求与机制转换 ［M］. 北京：中国金融出版社，2008：38 – 47.

[73] 李文泓. 银行业宏观审慎监管：思路和政策框架 ［J］. 中国金融，2010 （13）：40 – 42.

[74] 李文泓，陈璐. 美国、欧盟和英国金融监管改革方案比较：措施、展望与启示 ［J］. 中国金融，2009 （20）：31 – 34.

[75] 李文泓. 宏观审慎监管下的逆周期政策研究 ［M］. 北京：中国金融出版社，2011：15 – 32.

[76] 李妍. 宏观审慎监管与金融稳定 ［J］. 金融研究，2009 （8）：52 – 60.

[77] 刘仁伍. 宏观审慎管理：框架、机制与政策 ［M］. 北京：社会科学文献出版社，2012：263 – 280.

[78] 刘胜会. 从银行业视角看宏观审慎政策的微观影响 ［J］. 金融论坛，2011 （10）：9 – 16.

[79] 刘志洋. 宏观审慎监管机构安排的国际实践 ［J］. 国际金融研究，2012 （8）：77 – 84.

[80] 罗玉冰. 宏观审慎管理理论及其中国化问题研究 ［D］. 西南财经大学，2012.

[81] 苗永旺，王亮亮. 金融系统性风险与宏观审慎监管研究 ［J］. 国际金融研究，2010 （8）：59 – 68.

[82] 苗永旺. 宏观审慎监管研究 ［M］. 北京：中国金融出版社，2012：84 – 109.

[83] 权虎，张璐. 宏观审慎监管的国际经验 ［J］. 中国金融，2013 （3）：88 – 89.

[84] 汤柳，王旭祥. 后危机时代国际金融监管改革动态：回顾、评价与展望 ［J］. 上海金融，2012 （7）：58 – 63 + 117.

[85] 王光宇. 全球金融危机后国际金融监管改革的实践与启示——以欧美金融监管改革为例 ［J］. 中央财经大学学报，2011 （3）：38 – 43.

[86] 王力伟. 宏观审慎监管研究的最新进展：从理论基础到政策工具 ［J］. 国际金融研究，2010 （11）：62 – 72.

[87] 王兆星. 构建金融宏观审慎监管框架——国际金融监管改革系列谈之七 ［J］. 中国金融，2013 （18）：18 – 21.

[88] 王广谦. 20 世纪西方货币金融理论研究：进展与评述（修订版）[M]. 北京：经济科学出版社，2010，10：447.

[89] 王广谦，应展宇，江世银. 中国金融改革：历史经验与转型模式 [M]. 北京：中国金融出版社，2008：71 - 100.

[90] 夏斌. 宏观审慎管理：框架及其完善 [J]. 中国金融，2010（22）：30 - 32.

[91] 谢平，邹传伟. 金融危机后有关金融监管改革的理论综述 [J]. 金融研究，2010（2）：1 - 17.

[92] 尹继志. 中央银行在宏观审慎监管体系中的地位与权限 [J]. 财经科学，2011（1）：1 - 10.

[93] 尹久. 宏观审慎监管：中央银行行使的依据、目标和工具 [J]. 武汉金融，2010（8）：16 - 18.

[94] 张健华，贾彦东. 宏观审慎政策的理论与实践进展 [J]. 金融研究，2012（1）：20 - 35.

[95] 张涛，冯润祥. 宏观审慎政策：亚洲视角 [M]. 北京：中国金融出版社，2011：129 - 134.

[96] 张显球. 宏观审慎监管：理论含义及政策选择 [M]. 北京：中国金融出版社，2012：7 - 17.

[97] 张晓慧. 从中央银行政策框架的演变看构建宏观审慎性政策体系 [J]. 中国金融，2010（23）：13 - 16.

[98] 张雪兰，何德旭. 西方宏观审慎监管若干重要问题的研究进展 [J]. 国外社会科学，2011（5）：36 - 46.

[99] 中国人民银行济南分行调查统计处课题组. 国际金融监管体制改革比较研究及对我国的启示 [J]. 金融发展评论，2012（9）：88 - 119.

[100] 周小川. 宏观审慎政策框架的形成背景、内在逻辑、相关理论解释和主要内容 [J]. 西部金融，2011（3）：4 - 12.

[101] 周小川. 金融政策对金融危机的响应——宏观审慎政策框架的形成背景、内在逻辑和主要内容 [J]. 金融研究，2011（1）：1 - 14.

[102] 朱小川. 金融宏观审慎监管的国际发展及在我国的适用 [J]. 现代经济探讨，2010（5）：61 - 65.